北原みのり
佐藤優

性と国家

性と国家　目次

第三章　性の売買を強いる国、ニッポン　171

はじめに

佐藤優

人は、できることと好きなこととは異なるというのが、外交官時代の自分を省みたときの私の率直な認識だ。

私は外務省で、北方領土交渉を中心とする対ロシア外交、さらに特殊情報（インテリジェンス）関係の業務に従事することが多かった。無二の親友のような顔をして相手にすり寄る。しかし、私が意図しているのは日本国家にとって有益な情報をいかに入手するか、またロシアの要人に働きかけて、日本国家に有利な状況を作り出すかということだった。客観的に見て、私にはこういう仕事に対する適性はあったと思う。しかし、決して好きな事柄ではなかった。ウオトカを相手にしこたま飲ませ、気が緩んだ隙に付け込んで情報を入手する。どんなに酔っていても、大使館に戻ってキーボードに向かうと素面になった。そして、東京の外務本省に宛てた公電（外務省が公務で用いる電報）を起案する。そして、電信官が私の公電に暗号をかけて東京に送る。仮に私が送った公電の内容が漏れれば、私を信頼して情報を提供してくれたロシア人が、秘密警察に逮捕され、投獄される危険もあった。信頼関係を裏切るような仕事を継続することができたのも、それが日本の国益に貢献すると固く信じていたからだ。

私は政争（鈴木宗男疑惑）に巻き込まれて、二〇〇二年五月一四日に当時勤務していた外務省外交史料館で逮捕され、五一二日間、小菅の東京拘置所で独房生活を過ごした。ソ連やロシアで政治犯罪をいくつも見てきたので、逮捕、投獄されたこと自体はショックでなかった。しかし、日本政府が、鈴木氏、東郷和彦氏（元外務省欧州局長）や私が、橋本龍太郎、小渕恵三、森喜朗の三首相とともに進めてきた現実的な北方領土交渉を、いとも簡単に捨て去るのを獄中から観察して、「二度と国家の仕事には関与しない」と決めた。

ところで、今年九月二日、ロシア極東のウラジオストクで行われた日露首脳会談をきっかけに再び北方領土交渉が動き始めている。新聞、テレビ、週刊誌の記者から、何件も照会があったが、三人に対応した後、電話を取らないことにした。記者たちが過去の経緯について、簡単に知ることができるような内容についてすら勉強せず、手軽に私からブリーフィング（説明）を受けようとしていたからだ。一九五一年のサンフランシスコ平和条約二条c項で日本が千島列島を放棄したこと、一九五六年の日ソ共同宣言第九項では、平和条約締結後の日本への「返還」ではなく「引き渡し」（返還ならば、日本の領土を返すことになるが、引き渡しならばロシアの領土を善意で贈与するという説明が可能になる）などの基礎的な事柄については、専門家に質問する前に調べておくのが、職業人としての礼儀だ。それと同時に自分が所属するメディアが、二〇〇二年の鈴木宗男バッシングのときに北方領土についてどのような報道をしたかについてもおさらいしておくべきだと思う。安倍政権が行っている北方領土交渉は、当時、鈴木氏が取っていたスタンスのコピーだ。それならば、なぜ鈴木氏や私が国賊であると叩かれ、逮捕されなくてはならなかったのか、納得できない。

実は、この謎を解くことと、北原みのりさんとの対論（対談というよりは、争点がはっきりした、かなり尖った対論になった）が関係している。国家の持っている本質的な暴力性の解明に北原さんが、文字通り、命懸けで取り組んでいるからだ。北原さんは、警察に逮捕されたことがある。このとき北原さんがとった対応を、「国家権力との闘いを避けている」と批判している人たちの言説を読んだときに、私は心の底から腹がたった。国家権力が設定した土俵から降りるというのも、闘いの一形態だと私は確信しているからだ。鈴木宗男事件に連座したときも、検察がありもしない鈴木氏の犯罪を認める供述を迫るから付き合わなかっただけで、自分で背負い込める内容だったならば、事実と異なる事柄でもさっさと認め、早く自由の身になることを私は選択したと思う。こんな話を、浜田敬子さん（当時、『AERA』編集長）に話したら、「北原みのりさんに佐藤さんが言っていることを伝えてもいいか」と言われ、頷いたところから、北原さんとの縁《えにし》が生まれた。

私たちは、二〇一六年三月から九月にかけて、全四回の対談を重ねた。北原さんとの対談の過程で、自分自身の思考がいかに暴力性を帯びているかについて反省させられることが何度もあった。そして、獄中で、「これからはフェミニズムについて勉強しなくてはならない」と考えていたことを思い出した。沖縄との関係で、私は差別が構造化されている場合、差別している側は、そのことに気づかないのが通例であると強調している。ジェンダーに関して、まさに構造化された差別する側の認識不足が男性である私にも鋭く突きつけられている。このことについて、思考を停止してはならないと痛感した。許されるならば、北原さんとの対論を今後も続けていきたい。

本書を上梓するにあたって、河出書房新社の松尾亜紀子さんにたいへんにお世話になりました。どうもありがとうございます。

二〇一六年九月一六日、曙橋（東京都新宿区）にて

第一章

この国の性癖

「性」を突きつけられた時代

佐藤　今回のこの対談は、ジェンダーについて、フェミニズムについて北原さんに教えてもらいたいとお願いして始まったものです。

北原　よろしくお願いします。

佐藤　北原さんは一九七〇年生まれ、私は一九六〇年生まれと、ちょうど一〇歳違いでひと世代離れています。きっと見てきたものが、かなり違うと思います。

北原　私は、中学生のときに男女雇用機会均等法ができて（一九八五年制定）、これから時代が変わるんだ！　女の時代だ！　と夢が持てた世代だったと思います。でも数年が経ってみれば、バブル期にはさんざん持ち上げられていたのに、バブル崩壊後に真っ先に切られたのは女たちでした。後に起きた東電ＯＬ事件【＊1】に代表されるような、先に歩んでいた女性たちの絶望しか目に入ってこなかった。

私自身はバブル最高潮の八九年に大学に入って、国際金融論のゼミを選んで、外資系の商社で働くのを目標にするような学生でした。でも、時代の空気の変化や、女性としてこの社会で生きていくことを考えたとき、大学卒業する頃にはすでに一般企業で働くというイメージが持てなくなっていた。結局、自分で起業することにして、フェミニズムの視点を意識して、二六歳で女性向けのセックストーイショップをはじめました。

佐藤　なぜセックストーイショップだったんですか？

北原　私が見た八〇〜九〇年代という時代に、いやがおうにも性のことがとても大事だと思わされた気がします。元朝日新聞記者でフェミニストの松井やよりさんが、日本男性がアジアへ買春ツアーに出かける「キーセン観光」を告発したのは七〇年代ですけど、

※1　一九九七年三月、東京電力勤務の女性が殺害された未解決事件。殺害当時、女性が渋谷区円山町界隈で売春行為をしていたとして過剰な報道がなされた。

私が一〇代の頃にだって、東南アジア行きの飛行機は男性客ばっかりだったし、男が女を「買う」ということが日常的に行われていました。八九年に女子高生がコンクリートに詰められて殺された事件が発覚し、その数ヶ月後には宮﨑勤の幼児殺害事件があり、九一年に元日本軍「慰安婦」の金学順《キムハクスン》さんが当事者として初めて声をあげた。この国で女として生きていく困難を突きつけられる性の事件に、直面せざるを得なかった。

私にとってフェミニストとは、そういう事件が起こったときに真っ先に声をあげ、被害者に寄り添う存在でした。そのようなフェミニストの視点を守りながら、性の被害者としてだけではない女の「性」を語りたい、性を安心して語る場所がほしい、女の性欲を肯定するような仕事をしたいという思いがあったんです。女が女の欲望を否定せずに楽しめる場所で、フェミニズムを考えてみたいと。

佐藤　二六歳ですよね。私が七年八ヶ月のモスクワ勤務を終えて、東京の外務本省に戻ってきたのが九五年四月ですので、ようやく新しい仕事に慣れてきた頃です。実際にセックス産業を始めるときには、苦労も多かったでしょう。

北原　あまり考えなかったから出来たんでしょうね。ここまで性に対する偏見が強い社会だということは、後から色々わかりました。

佐藤　男たちとの面倒くさい付き合いも多かったんじゃないですか。

北原　というより男たちの面倒くさい付き合いを避けてきたので、二〇一四年にショップでのわいせつ物陳列罪で逮捕されたとき、アダルト業界で私を助けようとした人はひとりもいなかったですね（笑）。男たちは、みんな逃げました。

男は裏切るもの？

佐藤　私だって、外務省にいた頃は、そこそこの数の友人知人がいました。しかし、二〇〇二年に鈴木宗男事件に連座して逮捕されたときには、男は誰ひとりついてきてくれませんでしたよ。助けてくれたのは、三人の女性だけ。

北原　ああ、わかります、権力が絡むと男は逃げますね。私も、助けてくれたのはほぼ女性でした。

佐藤　私にはキリスト教の刷り込みがあったから、まったく違和感なく受け入れましたね。ペトロをはじめとした使徒たちは、全員キリストを裏切ったでしょう？　みんな

「何があってもあなたについていきます」とか言っていたけど、キリストはペトロに「あなたは今夜、鶏が鳴く前に、三度わたしのことを知らないと言うであろう」と警告する。結局その通りになってもペトロはさめざめと泣くだけだけど、一方で、黙ってキリストに寄り添う女性たちがいましたからね。

北原 佐藤さんの女性観も、やはりキリスト教に負うところが大きいですか？

佐藤 そう思います。キリスト教に関心を持ったのは小学五年生のときからですが、フェミニズムとジェンダーを初めてきちんと知ったのは、同志社大学の神学部に入ってからです。その頃、R・R・リューサーの『人間解放の神学』（原書一九七二年、翻訳版一九七六年）がようやく日本に入ってきた頃で、メアリ・デイリー『教会と第二の性』（原書一九六八年、翻訳版一九八一年）とかそういう本で学びました。

一〇代前半の頃は、「中ピ連」（中絶禁止法に反対しピル解禁を要求する女性解放連合）とかのウーマンリブ運動がマスコミで取りあげられた時代でしたから、大学に入ってから、アメリカにおいては黒人神学と女性神学と民族解放の神学と三つの解放の神学があって最先端になっていることや、ヨーロッパにおいては、解放ではなくてエコロジーの神学になっているとか、そういうことを知って驚きました。

北原　私の大学時代にも、フェミニズムを体系的に学べる学校はありませんでした。学問だと思われていませんでしたから。しかも、教養レベルで読まなくてはいけないヨーロッパ哲学は男ばかり。読んでる最中、この人は一体誰にご飯つくってもらってたんだよ？　妻に冷酷過ぎるだろう⁉　とか作者の女性蔑視が透けてみえると、読むのが辛くなるんですよね。ふつうに、フロイトきもい、バタイユこわい、ヘーゲルひどいってなりますよ。

その後、九六年に城西国際大学がはじめて女性学専攻大学院をつくったニュースを見て、私が学びたかったのはこれだ！　と興奮した記憶があります。

佐藤　神学部みたいなところで学んでも、世間一般でもてはやされるマッチョな感じには、キリスト教の世界の人間としては違和感を覚えるようになるんです。

北原　キリスト教的に？

佐藤　イエスのあり方と、男権的な行動や思考は相入れないですから。たとえばキリスト教では性に関する罪は大きくて、セックス自体は罪ではないけど、女性を人格として見ないでモノとして見るのは、非常に大きな罪です。

北原　佐藤さんが五一二日間勾留されたときの獄中ノート『獄中記』（二〇〇六）に、「自分自身の今回の体験を踏まえ、現代思想におけるフェミニズムの重要性に関心を持ち始めています」とあって、これからはフェミニズムだ、というようなことが書いてありました。おお、と思って読んだんですけど、そのときのひらめきは何がきっかけだったんですか？

佐藤　理由はいくつかあるんですが、やっぱり一番には、男はペトロのように逃げたのに、なんで女性たちは私を助けてくれたのかと。圧倒的に、女性の方が男より精神が強靭だと知りました。それから、逮捕されたことで、国家というものが男権的で、とても暴力的なものだということを再認識したんですね。

逮捕されて考えたこと

北原　佐藤さんに比べると、私が勾留されたのはたった三日間だったんですけども、「公共」ってなんだ、「わいせつ」ってなんだ、ってことを一から考えなければいけなくなったし、何より性というテーマを整理しなおさなければと思いました。

佐藤　逮捕されると、考えざるを得ない局面に立たされますからね。

北原　はい、この二〇年間、性のことを堂々と言わなければ！　という気持ちでやってきたけど、逮捕後は簡単に発言できなくなったし、書けなくなりました。女性器をさらけ出すことがフェミニズムである、とか記号のように単純なわかりやすい言葉しか受け入れられないのであれば、自分が逮捕された事件について何も語れないとも思いましたし。だから、佐藤さんが五〇〇日以上も独房にいらしたのは、ある意味、学んで、考える期間があったから羨ましいです（笑）。

佐藤　勉強用の個室みたいなものでしたからね。

北原　佐藤さんの本に出てくる拘置所の焼きたてのコッペパンって美味しそうですよね。私なんて検察の地下で、硬くて味のない大きなコッペパンを、マーガリンの袋の切り方まで看守にうるさく指導されながら食べましたけど。

佐藤　あれは、警察に逮捕された多数派のみなさん用のパンで、検察庁に逮捕された少数派の私たちのとは違いますから（笑）。東京地方検察庁の地下には、逮捕された人が連行されるときの入口がふたつあります。「警視庁」と「法務省」です。法務省の入口から入るような事件は予算がつくから、独房に連れていかれて、その場で温めた定食が出てくる。オムレツにご飯とか、ミネストローネとデザートとか……。

北原　え、デザートまで？

佐藤　そうです。もっとも、私だって鈴木宗男さんとのことがなければ、あんなところに好んで五〇〇日以上もいないですよ。北原さんが保釈請求して三日で出てきたのは経営者として正しい選択だと思うし、本質的には国家権力を認めてないからできたことです。

北原　会社そのものが、私にとっては闘いの場だと改めて思いました。ただ、逮捕されたことで考える機会ができて、自分が「性器がわいせつかどうか」ということなど、心底どうでもいいと思っていることもわかったんです。日本の司法に「わいせつではありません」なんて認められたところで、レイプビデオからモザイクが消えるくらいのものでしょ。

一方で、日本社会のセックスに対する意識にすごく怒りを持っていることも再認識しました。だけどその怒りは、男性器を奉るお祭りは許されるのに、なぜ女性器の展示は許されないの⁉　とかいう種類の怒りではないんです。身も蓋もない言い方をすれば、反権力が好きな男性たちの興奮が気持ち悪かった。性と権力、性と暴力が結びつくと、やっぱりこの国の男性は興奮するのねって、再認識しました。女性の身体をどこまで晒すか、暴力的な表現にどこまで挑戦するかを、表現の自由として死守してきた日本の性の価値観に対し、改めて怒りを感じました。でも……やっぱり怒り以上に、傷ついたんですね。

佐藤　それは当然ですよ。私の場合は政治抗争に巻き込まれたから仕方がないけど、北原さんは普通に仕事をしていただけで巻き込まれたんだから。強いショックを受けるのは当然です。でも、経験を昇華できるときが必ず来ます。

北原　そうだったらいいな。あとは、日本のフェミってどこに行こうとしてるのかな、と考えさせられました。フェミニストって政治的に正しいことを言う人たちではなく、この社会で、性の問題を真正面から告発し闘う人だと思っていたんです。でも、いざ、日本の性の泥沼のようなスポットに私が落ちてしまったとき、普段アカデミズムの中でフェミの看板をあげている人たちほど、政治的に正しい言説にこだわって、ずれた反応をしましたね。そして普段、会社や社会でマイノリティとして厳しい闘いをしている人ほど、適確に私を助けてくれた。私自身のフェミニズムはどこに行くべきか、を考える機会になりました。

佐藤　これからは、北原さんオリジナルのフェミニズムをつくっていけばいいんじゃないですか。

野蛮な国家システム

北原　佐藤さんは逮捕をきっかけに、国家の男権的な側面を再認識したとおっしゃいましたが、その中心たる外務省で、ずっとお仕事をされてきたわけですよね。

佐藤　うん、ずっと息苦しさはありましたね。

北原　あったんですね。それでも、国益を一番に考えてお仕事されていた？

佐藤　それが国家公務員の仕事ですから。私は本質においては、非政治的な人間なんです。自己過大評価じゃなくて、外交官としての適性もあったし、組織でも評価されたとも思います。特に難しい情報（インテリジェンス）業務とか北方領土交渉とかそういうことはできたけど、好きな仕事じゃなかった。自分が好きで、やりたいことというのは、キリスト教の研究です。また取り組まなくてはならないと思っている問題は、動物の殺処分をゼロにするとか、子どもの貧困を変えるとか、沖縄の過重負担をどうするとか、そういうことなんですよ。外務省の仕事は、納得できず整理しきれてないことも含めて、息苦しかった。

北原　国益ということに、一度も自分を重ねたことがないんですけども。

佐藤　それは、しなくて当たり前。北原さんは、社会の側にいるから。

北原　そうなんですよ。でも、外務省勤務でも国家公務員でもなくて、社会の側にいる立場のオジサンたちが、簡単に国益と自分を重ねてしまっている。そういう男の人、多いですよ。あの人たちは何なんだろう？

佐藤　国からすると、そういう人は役には立ちますね。決して、尊敬はしないけど。社会の延長線に国家があるんじゃないってことをわかってないんですね。

北原　簡単に国家に利用されちゃうでしょうね。でも、息苦しいと思って働いている男の人って、佐藤さんの他にもたくさんいるはずですが。

佐藤　多いと思いますよ。でも特に、外務省の男性はずっと瘴気《しょうき》吸って生きているから、感覚が麻痺しているのかもしれない。

北原　瘴気（笑）。麻痺しないと生きてけないのかも。夜一〇時過ぎたころの山手線なんかは、まさに男性の瘴気に満ち溢れていて、何度も途中で降りたことあります。その時間帯が働く人を運ぶ公共空間になっているのもおかしいし、女性が圧倒的に少ないことの意味も考えさせられる。

佐藤　外務省時代は、銀座や赤坂も嫌いでしたね。

北原　なぜ嫌いだったんですか？　綺麗な女性と話して楽しい、とはならなかった？

佐藤　情報の世界に身をおいていると、誰かに会っていても「こいつから情報を取るのにいくらかかるか」って、その人の値札が見えるんです。銀座にいる女性たちも「この客からいくら取れるか」って値札を見ているのがわかる。私自身はほとんど無価値で、後ろにある外務省や、私と親しい政治家に価値を求めるハシゴの役割だから、ある意味国策捜査と同じ。その場に、固有性なんて何もない。

北原　外交の場で、女性がいる場所で仕事をするというのは、日本特有ではなくて世界中であることなんですよね？

佐藤　アメリカでもヨーロッパでも表面的にはごまかしているけれど、一皮むけばもちろん女性絡みの仕事は存在していて、一種のタブー視されているがゆえに、そういう場を共有しているイコール本当の友人なんだということになる。

北原　いかにもホモソーシャルな世界……。

佐藤　妻を連れて行くクラブはまだまだ表の付き合いで、愛人同伴で行くクラブで会合する仲になると、その男同士は信頼関係のある間柄ってことになる。本人の代理で愛人と食事するとか、愛人に何かプレゼントするとかは、ロシア人脈において私にとっての大事な仕事でした。そういう歪んだ世界での女性との付き合いしかないから……私のジェンダー感覚もやっぱりどこか歪んでいるのかもしれない。ジェンダーに関して、たとえば自分の母方のルーツのある沖縄問題と同じように、皮膚感覚でわかっているかどうか不安はいつもあります。

北原　そういう「不安」がなければ、差別は理解できないですよね。「俺はわかっている方だ」と安心してしまう人や、俺がわからないことはわからないでいいと、開き直る方が多いので。だからこそ、佐藤さんから見る「男社会」のことが知りたいんです。外務省時代に佐藤さんが見たホモソーシャルな図式って、外務省に限らずどこの世界でも同じですよね。表の世界の女性像も、男同士の関係に利用される裏の世界の女性像と変わらない。そこには、どういう権力構造があるんでしょうか。

佐藤　すごく乱暴な言い方をすれば、基本的に男には筋力があって野蛮。その男の筋力によって、世の中のいろんなシステムができているということじゃないですか。

北原　人間そのものが野蛮だから、ということですか?

佐藤　私は「性悪説」を非常に強く信じていますから。その野蛮さを徹底的に制御するシステムをつくらないといけないと思っています。たとえば、いま問題にもなって、ようやく新聞でも報道され始めましたけど、アダルトビデオの世界なんかは、女性が搾取されるかなりひどい状況になっていますよね。表面上は合法でソフトな形にみせて、演技だから売春ではないとされて、著作権はすべて事務所に帰属しているとか。

北原　そうなんですよ、だから法律が信じられなくなるんです。法律こそが闇を隠している。この国では、合法的にクリーンに性的搾取や暴力が行われていて、さらには、ネットはもちろん、コンビニや電車の吊り広告に日常的に溢れているポルノ情報ひとつとってみても、エロの表象の仕方に対して社会全体のハードルが低い。アダルトビデオ業界なり、風俗業界なりに売り手としても買い手としても、ポンと入っていける社会装置があるんです。人間の野蛮さを制御するシステムどころか、獣化させるシステムを生み出してしまっています。

なぜ「売春」と「自己決定」がセットで語られるのか

佐藤　若い人たちの性へのハードルが低くなっている原因のひとつとして、援助交際を自己決定としてもてはやした、九〇年代の宮台真司さんのような言論人、有識者の罪は大きいと思います。

北原　大きいです。「性の自己決定」という言葉は、そもそも、売る売らないという文脈で語られるものではなく、女性にとって重要な性的自立、性的自由を考える言葉として、フェミニストたちが使った言葉です。

一九八七年に、池袋で買春男性が女性に死の恐怖を与えるような行為を強要し、その結果、女性が男性から奪ったナイフで男性を刺し死なせてしまうという事件がありました。一審では女性側の過剰防衛ということで実刑判決が下るのですが、裁判を傍聴していた女性たちが「身を守った行為は女性として当たり前と伝えたい」と無罪を求めて支援団体を立ちあげるんです。しかも、「ホテトル嬢客刺殺事件」と言われていた事件名を「池袋・買春男性死亡事件」と呼びなおした。週刊誌ネタで終わってしまうような事件を、名前を変え、無罪を求める署名活動をし、事件の背景にある差別構造まで考える運動にしていった。価値観を転換させたんです。また、「売春する女性と一般女性を同列には考えない」という司法やメディアの偏見に対し、女性にとっての性的な自由は、たとえそれが売春の場であっても守られるべきだ、と手探りで闘いを始めた。売春する女性の性的自由が損なわれるのであれば、それは売春しない女性にとって、どういう意味を持つものなのか、そのことを真摯に考える運動でした。結果的に執行猶予付きの判決を勝ち取りました。無罪にはなりませんでしたが、大きな勝利です。いま、当時の闘いの記録を読んでも画期的で、女性たちの熱い思いを感じます。

先日、この運動に関わった女性とお話しする機会がありましたが、九〇年代に宮台さんらが性的自己決定という言葉を援助交際の文脈で使いだしたときに、裁判を通じて真剣に考えた「女性の性的自由」「女性の性の自己決定」という言葉が、使えなくなったと仰っていました。

佐藤　今は、援助交際だけではなく、日韓の日本軍「慰安婦」問題のなかでも、女性たちの自己決定権を無視するのか？　というような文脈で使われてしまっています。

北原　まさに、そのあたりの議論がとても混迷していると感じます。女性の性に関して「自己決定」「自己責任」というときに、性の売買についてだけが問題になってしまっている。それらをどう考えたらいいのかについてもぜひお話ししたいです。

佐藤　キリスト教の倫理学でも、考えることができるかもしれない。神学は大きくは、聖書神学、歴史神学、組織神学、実践神学に分けられ、組織神学というのが倫理を扱う分野です。そこで基になるのは、「状況倫理」という世界。簡単に言えば、すべてがケースバイケースという考え方です。売春という選択をしている人がいる場合、一般論としてそれが善なのか悪なのか言えない状況だと考える倫理学です。絶対的な解答はないわけです。

北原　確かに売春の善悪を問うていくのではなく、自己決定の枠組みで売春を語ることの乱暴さが問題です。日本軍「慰安婦」にも自由意志で行った人がいたことを、日本軍や日本政府の免責のように語る人が途絶えないことに、問題の根深さがあります。「慰安婦」たちにも、日常的に小さな自己決定はあったでしょうし、仕事の内容を知って参加した女性もいたでしょう。そうであったとしても、そもそも日本の軍と政府が、女性に対し暴力を振るい続けたことが日本軍「慰安婦」問題の本質なのに。

佐藤　私もそう考えます。私たちに共通する経験を例にとると、検察の取り調べは強制捜査権がなく任意なんだから、容疑者は房から出なくていいんですよ。すっ裸になって、うんこを全身に塗りつけたうえで、便器にしがみついて拒否すればいい。裏返すと、取り調べに応じると、「あなたは自発的に房から出て取り調べに応じたし、自発的に検察庁建物の地下でマーガリンつけてコッペパンを食べているんですからね」ということになる。確かに、首に縄つけられて口を無理やりこじ開けられてパンを食わされているわけじゃない。でも、それを自発的にやってる、と言うのか。

だから、こういう問題に関して、自己決定論を持ってくるのはおかしいんですよ。

北原　そもそも、植民地支配下の圧倒的な権力関係の下で、殴って連行する必要なんてないんです。自己決定権で捉えるやり方は、あまりに痛みがない暴力論です。自己決定については、後でしっかりお話ししていきたいです。

愛国とアダルトビデオ

佐藤　アダルトビデオ業界の人権問題は、どう見ればいいんですか？

北原　私はＤＭＭ問題をきちんと考えた方がいいと思います。ＤＭＭといえば、そもそもアダルトビデオ制作会社ですが、ＦＸなどの事業に参入し、会社名を連呼するようなＣＭでかなりメジャーになってきている。

佐藤　でも、ＤＭＭのコンテンツはいいものもありますよ。

北原　え、佐藤さん、観てるんですか？

佐藤　ニュー東映がつくった、高倉健や三國連太郎が出演している『二・二六事件脱出』とか、ソフト化されてない映画をたくさん持ってて……。

北原　あ、そっちね（笑）。今年（二〇一六）ニュースにもなったアダルトビデオ女優たちの人権問題では、ヒューマンライツ・ナウが国際人権規約に照らし合わせて、日本のAV出演の契約に問題があったケースを報告集にまとめました。そのことに対し、その批判こそが、AV業界への差別と偏見に基づいているという声が、AV業界側、特に女性たちが前面に立って発言しはじめた。なかでも、川奈まり子さんという元AV女優の方がネット上に「AV業界っていうのは、警察庁や経産省ともパイプがある巨大な集団です」というようなことをお書きになっていたのが興味深かったです。つまり、AV産業は決してダークな違法性の高い産業ではなく、組織化されていて、高学歴の人たちが大勢いる、年間に一万八〇〇〇本ものビデオを生産している一大産業なんです、と。

それってまさにDMMの状況だと思うのですが、その状況こそが、私がいまのアダルト業界に抱く違和感そのものなんです。もちろん、アダルトビデオ業界はダークサイドのままでいろ、ということではなくて、クリーンさをアピールするために国家権力側と結びついているのだと強調することが。

佐藤　そんなこと言ってたら、帝国陸軍で「慰安婦」の管理を担当していた士官だって、陸軍士官学校を出ていたエリートたちなわけですからね。

北原　そう、そこも繋がるんですよね。私が二〇一四年に『奥さまは愛国』という愛国活動にはまる女性たちのルポを書いたときにも、川奈まり子さんが非常に政治的な発言をされていたのが気になったんです。日本軍「慰安婦」へのヘイトスピーチや、嫌韓を叫びながら日の丸を振るような発言をネット上で堂々とされていました。

私は、アダルトビデオ女優としての川奈まり子さんの大ファンだったんですね。主体的に性を楽しんでいる様子が好きだったし、中高年女性の性をとても肯定的に表現してきた大女優だと思っていて。だから彼女が、ヘイトスピーカー剝き出しの発言をしていることに衝撃を受けたんですけど、その一方で、とてもわかりやすいと思ったことも確かです。ＡＶの仕事をしているからこそ、「経産省とパイプがある」とか国家寄り、日本寄りの発言をしたがる。男の性を癒すためになくてはならない職業だと、国家を持ち出して語りたがる。私が関わっているアダルトグッズ業界もメインストリームにはなり得ない仕事だからこそ、そのメンタリティはよくわかるんです。ＡＶ強要された当事者の声は消され、国家や大産業を背負う女の声が、当事者の名を借りて大きくなっている変な状況です。

佐藤　周縁であるがゆえに、中心に過剰同化すると。しかし中心は利用できると思っても、過剰同化する人を決して大切にはしない。そこが見えなくなってしまう仕組みなんですね。

北原　そうなんです。パイプがあるといっても、国家にただ管理されているだけだし、監視されてるだけなのに。

佐藤　あるいは下っ端官僚の天下り先になっているか。

北原　確かに。

佐藤　だって、アダルトビデオに、経産省モノとか外務省モノとか、検察モノってないでしょ。

北原　婦人警官を貶《おとし》めるような作品はあるけれど、女性検事モノはないですね。

佐藤　実はある筋から、私が外務省の悪口を散々書いてるからって、それを原作にアダルトビデオ化しないかという話があって（笑）。ビデオ会社の担当レベルでは興味を示したんだけど、法務ではねられたそうです。中央官庁を揶揄したりしたら、どうなるかわからないからと。

北原　あははは（笑）。そこが、もしかしたらアメリカのセックス産業とは違うところかもしれない。アメリカにある巨大アダルトメーカーが今、ドナルド・トランプが大統領になってしまったら国が大変なことになるということで、トランプ潰しのキャンペーンを張っているんです。トランプのペニスの型を売って、小さいことを証明する！　みたいな（笑）。国家との結びつきをアピールしてる日本とは大違いというか……。

佐藤　中央官庁は怖いからね。からかわれるのに慣れていないから、本気で怒ります。

北原　佐藤さんが言うと、説得力がありすぎる（笑）。

ロリコン大国、ニッポン

北原　私にとっては、二〇年前よりアダルトグッズの仕事はやりづらくなったと感じますね。海外のグッズ業界は医療や美容業界と繋がり、性を健康や生活の質を向上するものとして捉えなおす動きが主流になっていて、ポルノや風俗業界とはまったく違う業界という意識があります。日本では、性というだけで全部一緒くたに、男性の性欲を満たす一大「射精産業」になってしまった。
その射精産業で一番盛り上がっているのが、ロリコン・コンテンツです。ビデオ業界では「着衣させているから、アダルトビデオではありません」とエクスキューズしながら、子どもがシャワーを浴びたり、バナナを食べさせられているビデオが作られています。それらが成人向けコンテンツともされず、まったく違法でもない社会状況がつくられている。

佐藤　「週刊プレイボーイ」の編集者が悩んでましたね。取材に応じてくれたアメリカ人に掲載誌を送らなきゃいけないんだけど、未成年の女の子たちを撮った日本版のグラビアはアメリカでは児童ポルノ扱いになるから一冊まるごとは送れないって。

北原　それは日本のどこの業界でも聞く話で、アメリカに本社がある通信販売会社では、本社から定期的に「こんなものを売っていて大丈夫なのか？」と確認の連絡がくるそうです。指摘を受けるのは、日本に住んでいると当たり前のように日常的に目にする萌えキャラ程度のものだったりする。アダルトグッズでも、そういったアニメの萌えキャラがパッケージになっている商品が、いま最も売れています。

佐藤　率直に言って、私にはそういうロリコン趣味がまったくないから、理解できない。

北原　ロリコン趣味の男性が少数派の一部の男性ではなくて、ロリコン表現がひとつの性愛の形として一般的に受け入れられていて、しかもアダルト産業の中では巨大な利益を生むコンテンツになっているんです。佐藤さんに訊いても、わからないっていうのが正直なところだと思うんですけど、ロリコン・コンテンツがこれだけ商売になっていて、しかも「表現の自由」として社会が支えている空気ってなんなんでしょう……ってことを、男の人が考えてくれないと困るんです。

佐藤　リアルな女性と付き合うのは怖いって奴は多いですよね。私がまだ外務省にいた頃、成績優秀で入ってきたある後輩の男は、「現実に存在する女には、臭いがあるからいやだ」と言っていた。なんで外務省を希望したかというと、日本の少女アニメをロシアに伝えたいとか言うわけですよ。彼にとっては、リアルな女性もダメだけど、同じくらいヌード写真も気持ちが悪いと。「あのお腹のなかにはクソが入ってるんですよ」とか「耳にも垢が入っていて気持ち悪い」とか言っていた。お前の話のほうが気持ち悪いって。それで、サンクトペテルブルク大学に二年間留学させたのに、学校には女がいるので怖いと言って行かない。研修後の勤務地は中央アジアの某国で、日常業務では女性との接触が少ない。しかし、まれに日本人女性がパスポートをなくしたって申請にくると、全身蕁麻疹で血が噴き出してボロボロになっちゃって、外部と一切接触しない内勤にまわしたことがあります。あいつどうしてるんだろう……。

北原　それはまた極端すぎる例ですが（笑）、その彼からすると、ロリコン・コンテンツがオッケーなのは、ファンタジーだからって理屈なんですね？　被害者もいないから、と。でも、私がロリコン・コンテンツの何を批判しているかというと、まさに、その「ファンタジーだから被害者がいないでしょう」という開き直り、クールジャパンとかいって自慢しちゃうような公共化になんです。

佐藤　神様が見てるからね、そういうのも。正しい自己愛を持たないと。自分自身を愛するように他人も愛することではないバーチャルなロリコンは、リアルな愛からは遠いところにある。

ＡＫＢ48は児童ポルノか

北原　佐藤さんの青春期は、アダルトビデオはありましたか？

佐藤　私らはビニ本とかそっちの世界。

北原　ビニ本見てました？

佐藤　うん、見ていました。何冊か買ったこともあります。でも高いから、ビニ本かマルクス主義の過激派系の本どっちかしか買えなかった。過激派の本の方が買うのが恥ずかしかったから隠したりして（笑）。

北原　最近、桑田佳祐さんがビニ本への郷愁を歌っていましたけど、同じ世代？

佐藤　桑田さんより少し下、島田雅彦さんとかと同世代ですね。

北原　ビニ本世代の人たちって、エロスに強い憧れとロマンとノスタルジーを込めて語る方が多いですよね。隠れて見る、隠微さに強烈なエロスを感じる……というような。アダルトビデオを中学生から観はじめた、私の世代とはまた違う。

佐藤　私の場合は神学部に行っていたし、外務省も裏ではいろいろあるけど表向きはすごく綺麗事で禁欲的な世界で、しかも勤務したのが社会主義国だったから、これも禁欲的な世界。だからエロが排除されていることに慣れちゃったというのはあります。

北原　日本は海外からみると、エロにとても寛容な国という印象があるみたいなんです。ふつうに日本は「ポルノカントリー」って言われてますよ。確かに、男の性にとても寛容で、公私区別なく男のための性情報が溢れている。

佐藤　そうなんだけど、日本の日常においては性の話はするべきじゃないっていう規範が強いし、やっぱりシンボリスティックなところは儒教で生きてるんじゃないですか。

北原　儒教、まだ生きてますか？

佐藤　生きてると思う。

北原　儒教って、こんなに男の性に寛容なんですか？

佐藤　寛容なんじゃない？

北原　男の性だけに？

佐藤　そう、男の性だけに。

北原　儒教の家父長的なものと、今のなんでもありな感じは違うように思えますが。

佐藤　意外と一緒だと思う。儒教も形だけつけちゃえば、あとは無茶苦茶やって構わないから。

北原　キャバクラ行ったことありますか？
佐藤　一度もない。
北原　接待とかでクラブみたいな所は行くんですよね？
佐藤　二回くらいしか行ったことない。
北原　佐藤さんは、日常において性の話をするべきじゃない規範を牛きているけど、多くの日本人の男は性を日常的に公私区別なく語っているように思えます。セクハラを理解できなかったり、ビジネスの席でも下ネタで男同士盛り上がったり。たとえば、ＡＫＢ48を一番持ち上げているファン層は、佐藤さんくらいの年代の男性ですよね。
佐藤　そうですね。
北原　ああいう、女の子たちを応援して育てていくみたいな感じをどう思います？
佐藤　そういう人がいるんだな、というのはわかる。私は愚行権をとても尊重するんです。誰かに危害が加えられない限り、愚かな行為をする権利を各人がもっていると。他人に愚かな行為だと言われても自分はやるし、他人がやっていることがいかに愚かに見えても、直接的な危害を誰かに加えていない限りにおいてはまったく無関心。

北原　ＡＫＢ48を批判しているのではなく、ＡＫＢ48がこれほどもちあげられる社会が気持ち悪いんです。数年前、当時ＡＫＢ48で一番人気のあった大島優子さんが「ＡＫＢａｂｙ」というコンテンツ【＊1】の「わたしと赤ちゃん作らない？　ネットでね。」という広告に出て、当時の野田佳彦首相が「少子化対策だ」みたいな応援をしていましたが、ああいうのは男の性欲ダダ漏れにみえるんです。

佐藤　端的にＡＫＢ48を見ていて思うのは、これは性的搾取だなと。

北原　そうですよね。メンバーは恋愛しちゃいけないのがルールとか、男性ファンの性的欲望を満たすために、彼女たちの人権を無視しているようにしか見えないです。

佐藤　そういう意味で、全然共感できない。

北原　愚行権って、どこまでのことなんですか。

佐藤　愚行権は自由論を唱えたミルが言ってることなんだけど、唯一の例外が他者危害の原則なんです。他者危害することだけは、自由でもだめ。それ以外は何をやっても構わない。

北原　じゃあ児童ポルノはどうですか？

佐藤　他者危害だよね。

北原　そうですね。

佐藤　覚醒剤が禁止されるのと一緒です。覚醒剤の使用は、「私の体がボロボロになるだけだからいい」では済まないですよね。それによって幻覚を見て危害をくわえる蓋然性が高いから。児童ポルノだって、判断できない子どもたちを児童ポルノに巻き込むことによって、一生を無事に終えることができないような傷を負わせることだから他者危害です。それはボコ・ハラムが胴体に爆弾を巻かせて「あそこに突っ込め」と言って、六歳や七歳の子どもたちにやらせるのと一緒。そこは明らかに他者危害排除の原則に反する。じゃあ、ＡＫＢ48は児童ポルノじゃないのかってことになりますよね。その境界線はどこに引くのか。ＡＫＢ48のやり方は、アメリカのスタンダードで見た場合は児童ポルノだと思う。児童ポルノという認定にならないとしても、児童への性的搾取になると思う。

※1　ＡＫＢ48のメンバーと自分の写真を使い、架空の子どもの写真を作成できるサービス。

北原　では、アニメならば他者危害ではないのか。表現の自由でどこまで守られるべきなのか。そういう重要な議論が深まらないまま、日本は「少女性愛ありき」で、いま、たがが外れた状況になっているように思います。

ロリコンから男たちを救う?

北原　橋下徹さんが大阪市長のとき、不倫相手にコスプレをさせていたと報道されていましたけど、制服のコスプレが政治家としてアウトにならない社会って何なの? って思います。その同じ男性が、「慰安婦制度が必要だったことは誰でもわかる」と公で言えてしまう。橋下さんは私と同世代なのですが、競争社会のなかで弱いものは置いて自分だけ先に行けて、自己責任だ自己決定だということを心から信じていて、女性差別を隠そうともしない、受験戦争と管理教育が広く行き届いた最初の世代なんです。この世代の男性が、これからもっと決定権を持つ立場になっていくのだと思うと、恐ろしい。どうしたらいいでしょう。

佐藤　究極的には、啓蒙と理性の力、人権とか普遍的な価値観、人間的な共感という常識を信じるしかないんですよね。男もそう極度にひどいやつばかりじゃないから、そういう人間がもっとジェンダーに関心をもって情報ネットワークをつくっていくといい。少なくともマルクス経済学の洗礼を受けていれば、我々の知性で資本システムすべてが変わらなくても、商品化していいものと悪いものの仕分けくらいはできるはずなんです。

北原　そうですね、商品化していいものと悪いものの仕分けを丁寧にしていくってことが、氾濫しているロリコンポルノへのひとつの答えですね。

佐藤　そう、アダルトグッズにも商品化していいものと悪いものの一線はある。時代の文脈もあるけど。

北原　ただ、その「時代の文脈」って、やっぱりマジョリティ側の男の文脈ですよね。そこにどうしてもついていけない。

佐藤　外務省時代に付き合っていた情報関係のプロたちは、ロリコンとか女性への暴力とかをとても嫌っていました。逆説的になるんだけど、日常的に仕事で暴力を作り出す人間たちだから、私生活においては魅力的な人が多かったですよね。相手に命令ではなくて、納得ずくでやってもらわないといけないから、パワハラやセクハラがない。私も、暴力と金が絡む性に関してはものすごく抵抗がありますよ。嫌いです。

北原　「嫌いです」って言ってくれる男性がたくさんいればいいんですけど、実際は金銭が絡むことで価値が生まれ、さらにエロスと暴力が結びついているようなファンタジーが、男同士の繋がりを生んでいるんじゃないですか。

佐藤　でも、そういう繋がりの男たちっていうのは、どの程度の力があるのか。やはり、価値観とか宗教やイデオロギーの問題になってきますね。キリスト教の場合は、常人では絶対に守れない性規範というのを定めて、すべての人間に罪があるという意識を刷り込みますからね。北原さんがやってる仕事や問題の定義って、我ら男たちにとっても非常に重要なわけです。だってロリビデオが楽しいとかそういう構造が変わることによって、男たち自身が救われると思いませんか？

北原　私も、この仕事が、結果的には男性を救うことになると信じていましたが、救われたい人しか救われないですよね。最近はもう、男なんてどうでもいいや勝手にやってどうぞと思ってたんですけど、いま、佐藤さんの言葉で、引き戻されました（笑）。

日本に真のインテリは少ないか

北原　売春だけではなくて、性差別のすべての問題においてもそうなんですけど、差別をされている女性の側がつねにそれがなぜ差別にあたるのか説明しないといけないこと自体に、ほとほと疲れます。

佐藤　差別が構造化している場合、差別をしている側の人間は、指摘されない限りにおいて自分が差別者だと自覚しないのが通例ですから。

北原　差別を指摘されるとぶち切れるのも、通例なんでしょうか。

佐藤　少なくとも知識人は、そこでぶち切れるんじゃなくて、あるいはぶち切れそうになった一歩手前で止まって論理の用語で返すのが作法です。

北原　その作法が守れない人が、日本の知識人には多いと思うんですよ。自分は差別をしない、という過信があるんでしょうか。

佐藤　そうだと思う。この国にはインテリが少ないんです。ロシア語の場合は、「インテレクトゥアル（知的な人）」と「インテリゲンチア（知性を体現して生活している人）」

の区別があるんだけど、ロシア的なインテリゲンチアというのはひとつの階級だから、極力、自分の言説と自分の生き方が乖離しないようにするということが、ひとつの基準として求められるんです。だから口ではリベラルなことを言っても、自分の家ではＤＶ夫であったり暴君であったりしたら、ロシアではインテリとして認められない。

北原　それはロシアに限ったことなんですか？

佐藤　それはよくわかりません。ただし、ロシア的な特徴であることは間違いない。明治以降、ロシア文学がなぜ日本人の心をこれだけ引きつけたかというと、たぶんこのインテリゲンチアの生き方と関係しているんじゃないでしょうか。ロシアの病理と表裏一体かもしれないけど。

北原　作家を含む日本の男性のインテリには、どこか暴力に対する憧れを持っている印象があるのですが。

佐藤　非常にありますね。知的な領域においても、暴力と裏返しに、女に対する憎しみみたいなものがあります。学会なんかで女性に言い負かされると、生意気な女だ、こいつを完全に潰そうと、ポストの面で意地悪をするとか。これは強かん者の心理と何も変わらない。

北原　そうなんです、インテリ層に限らず、政治家もそうですよね。安倍晋三首相は、国会中継を観ていても社民党の福島みずほさんや民進党の辻元清美さんとか、とにかく女性から質問を受けたときには明らかに答え方がおかしくなるし、鼻で笑うような振舞いが定着してすらいる。さっきも言いましたけど、橋下徹さんも女性に対する攻撃のしかたが尋常じゃない気がする。女性差別に自覚的であろうとする男性があまりにも少ないんです。

佐藤　外務省だってそうでしたし、官僚を辞めてから入ったこの出版業界だってそうですよ。男たちが、女性の作家や編集者に対して「あの女が」とか「いい女だ」という話ばかりしてるから、側で聞いてて吐き気がする。ロシアでは、政治家もインテリも、そういう話はしませんでしたから。

北原　暴力への憧れに対して、正義に対するアレルギーが強いのも特徴です。

佐藤　それは過剰な正義に対する反発から生まれてきたものだと思うけど、それが逆に正義不在になっている。正義が嫌いな人たち、価値相対主義の人たち、それが跋扈《ばっこ》したのはポストモダンの影響が強かった八〇年代から九〇年代前半ですよね。ちょうど私が海外で仕事をしていて、日本にいなかった時期なんです。私が帰ってきたときは、もう一回正義の揺り返しがある時期でした。たとえば、サンデル教授の人気は、もう一回正義が見直されてるということでしょう。あるいはジョン・ロールズとかが出てきたのも。**佐藤** ポストモダンが出てくる前はおそらく、売春の自己決定権なんて出てこなかった。

北原 ないない。本当にその通りです。でも佐藤さん、この世に正義はありますよね？

佐藤 ある。

北原 ですよね。正義はあると考えるのと、正義を振りかざすのは大きく違うと思うんです。

佐藤 正義があると信じている人はそんなに振りかざさない。振りかざすときは、本当に限定してしかしない。

北原 そうですね。

ジェンダーとファシズムの関係性

北原　これだけ簡単に性を売買するシステムができているなかでは、男性は自分たちの暴力性を振り返る必要もないですよね。

佐藤　知力や創造力やいろんな力があるなかで、男が女に優位なのは筋力の違いだけなのに、他の面でも優越性を示さなきゃならないのって、異常なことなんです。そこがわかっていない。

北原　今の男性たちは、どこかで自分は女のために損してるっていう被害者意識も強い。むしろ昔の家父長制的な責任感があったほうが被害者意識がなくていいんじゃないかとすら思うくらいに、三〜四〇代の男性たちが、「女の人が強くなったから男がダメになった」とか「女が自分のポジションを奪った」と声をあげている。まるでアメリカで、アフリカンアメリカンに自分たちの仕事が奪われたと言っているホワイトと同じような感じで、マイノリティである女性が自分たちの利権を食うという憎しみを向けられているような気がします。

佐藤　そういう発想は、ファシズム以下ですよ。世界大戦下のイタリアファシズムではムッソリーニが、婦人参政権とともに、軍隊の将校にも女性を入れていたんです。能力があって、イタリアのために頑張っていれば、女性将校のもとで男性が働くのも当然だと。

北原 ファシズム以下で女性蔑視のこの社会ってどうなの。

佐藤 逆に、ジェンダー論はファシズムに吸収されるおそれがあるということですけどね。ムッソリーニはそういう意味においては、ヒトラーと違って、ジェンダー的な偏見や障害者に対する偏見も少なかった。経済学で「パレート最適」とか学びますよね。その提唱者のパレートというのはムッソリーニの先生ですからね。その理論は、北欧の福祉国家論に流れる。だから北欧の福祉国家というのは、ファシズムの変種として見ることも可能なんです。ファシズムは、国民を束ねる運動です。束ねられた中の人々は同胞としてたいせつにする。そうでない人は排除する。福祉国家だって、基本的には国家の内側に受け入れられる人だけを対象とする。中と外に人を分けて、内側を同胞として守るが、外側に対しては無関心です。北欧諸国には、社会の底流には人種主義的な偏見もある。それだから、ブレイヴィーク事件（二〇一一年七月二二日、人種主義者のアンネシュ・ブレイヴィークがノルウェーの首都オスロ政府庁舎を爆破し、その後、ウトヤ島で銃を乱射した。政府庁舎爆破事件により八人、銃乱射事件により六九人が死亡した）のようなことが起きたのです。

北原　確かに女性を国民として束ねていくために、ジェンダー論は利用されかねないですね。

佐藤　たとえば、ヨーロッパには女性の活躍の場が多いでしょう。同胞ならばジェンダーにかかわらずまとまっていくという思考があるからだと思います。ここに広義のファシズムの影響が残っている。日本のように、こんなに女性の管理職や専門職が少ない国は世界の先進諸国で非常に珍しい。ジェンダーの差異を超えて、国を束ねるという発想が希薄だからだと思います。

北原　日本では、女性管理職の割合は全体の一五パーセントにも満たない。何が阻んでいると思います？

佐藤　日本の場合、ファシズムと親和的な発想をする男には、むしろナチス思想と近いところがあるんじゃないですか。女性は子育てに専心して、産めよ増やせよという発想だから。ナチスは基本的に「女は産む機械」じゃないとだめなんです。同じことを日本の政治家が言いましたね。

北原　そもそも、「国民」にカウントされてない。そして国家が女性の性を管理する。日本の近代化は、女性の身体を管理し続けてきた歴史です。公娼制度【＊1】ってまさにそういうことですよね。

佐藤　公娼制度もそうだし、男は既婚女性と肉体的な関係を持ったときだけ処罰された姦通罪があったこともそうですよ。女性が家という制度のなかに埋め込まれてきたわけでしょう。参政権もなく、男に戸主権を行使されて、男が女の権利を代行しているとされた。そもそもその根っこにおいて人としての権利という発想があったかどうかすら疑わしい。

国に管理される「性」

北原　『刑事司法とジェンダー』（二〇一三）の著者で性暴力について果敢な研究をされている牧野雅子さんから伺ったのですが、戦時中、男が戦地で「慰安婦」を与えられている一方、家に残された妻たちは警察や隣近所から浮気をしていないか徹底的に見張られていたそうです。慰安婦のシステムは、日本軍による強かん事件が多発したため、強かんを防ぎ、性病から兵士を守り、軍の士気を高めるためにつくられましたが、本国でも女たちの性が日常的に監視されていた。国家にとって性とは、人間を管理するのに最も重要なファクターなのだと気づかされます。いま現在、男性はどういう風に性を管理されているでしょうか？男の性欲ほど、国が利用しやすいものはないと思いますが。

佐藤　ひとつには、アダルトビデオなんかも含めて、性産業の異常な発達ですよね。精液を放出するという意味での性産業がものすごく細分化されて、いろんな嗜好に添って細分化して発展させられている。それぞれのニーズに応じた女性を見つけられるという、新自由主義的な方向ですよね。男の性欲を放出することができるというシステムが商業として整って、しかも急速に廉価に、コストがかからなくなってきている。

外務省に勤めはじめた一九九六年頃、船橋の競馬場の近くに住んでいたことがあって、

※1　国家や都市で一定基準のもとに女性の買春を公認し、売買春を適法行為とみなすこと。公権力が売春営業を許可する代わりに、利潤の一部を収奪するシステム。江戸期の吉原などは幕府から公許を得ていた。

近所のセルビデオ屋に酔っぱらったときにひやかしで入ったんですよ。そしたら「お兄さん、いいビデオがありますよ」って裏モノが出てきたんですね。買わなかったけど、値段を聞いたら一万五〇〇〇円とか二万円くらいだった。今はたぶん数百円に値下がりしてて、場合によっては、無料で動画が観られますよね。

北原 そうなんですよね。じゃあ、コストが高ければよかったのかって話にもなるけど、廉価になることで、女性の地獄は深まっているかもしれない。

坂爪真吾さんの『性風俗のいびつな現場』（二〇一六）でも紹介されていましたが、「サンキュー」というデリヘルチェーンが、この一〇年で業績を伸ばし続けています。三〇分三九〇〇円という業界最安値で売っている。さらに指名料二〇〇〇円を払えば、アナルセックスや、撮影、尿を飲んだり、精子を飲んだりといったオプションはすべて無料でできるというのが売り。ホームページでは「価格が安いからと言って女の子の質が悪いという訳ではありません」と謳っていて、それが全国展開している。実際に風俗で働いている女性に話を聞くと、今働いている場所を首になっても最後はサンキューに行けばいい、という最後の砦のようにもなっているし、また初めての風俗の入口でもある。その価格は「女の子」ならば誰でも今日からでもすぐに働ける、働く側にとっても「気軽」なんです。

佐藤　実際に女性にはどれくらい入るんですか？

北原　二五〇〇円らしいです。

佐藤　……凄まじい。二〇〇三年に書かれた渋谷望さんの『魂の労働』という本があります。あの本は、なぜ介護労働はあんなに賃金が低いのに皆が働くのか、それは魂の労働だからだという内容でした。いまではもう単なるきつい労働になってしまっているけど、当時は介護に「魂の労働」という付加価値があったと。性産業も、マイナスの意味での「魂の労働」として価値がついていたから賃金は高かった。

ところが市場原理でどんどん賃金が安くなってきていて、参入が簡単になってきた。人間のもつ性欲が商業化されて、搾取しつくされる。女性が搾取されると同時に、男性もそのシステムのなかで搾取されるわけですよね。定量的なデータがあるわけじゃないけど、日本の「風俗」を利用する男性が収入において性欲処理のために使っている金額の比率は、下手したら食費と同じくらいなんじゃないですか。

北原　上回っている可能性もありますよね。

佐藤　エンゲル係数じゃないけど、おそらく収入が低くなればなるほど比率は高くなってると思う。たとえば、ネット回線を契約する目的が無料のアダルト動画を観ることだとしたら、性処理のコストで月六〇〇〇円くらいをかけるわけです。そうなるとマルクス主義の話になる。疎外されていくわけです、人間が。ビデオに反応するという形で性欲を管理され飼い馴らされていくから、バーチャルな空間でしか性欲をおぼえない人間が出来上がる。

北原　フェミニストたちも、セックスに強迫観念をもたない世代の男性として「草食男子」ともてはやしてますけど、彼らは性欲がないわけでなく、「処理」のシステムにのみこまれているだけ。

佐藤　草食獣は危険なんですよ。コンラート・ローレンツの『ソロモンの指環』に書かれてるけど、バンビがどれほど残虐に奴らのツノで同族を殺すか。たとえばカラスは同種の目ん玉を突つかないようプログラムに組み込まれているけど、草食は歯止めがきかない。ものすごく恐いことが起こる。

北原　肉食より草食が不気味……。風俗に行くのをやめられない心理ってどういうものなんでしょうか。やめたいけどやめられなくて、結局、虚しいとか言いながら行く、という話をたくさん聞きますが。

佐藤　依存症と通じるものがあるかもしれない。

北原　風俗の現場は一般社会とのつながりが、やはり切れていく職場でもあるんです。経営者は女性同士をつながらせないし、女性同士も職場での連帯を深めていく方向にはいかない。また、性を売る女性たちに対する社会的偏見やスティグマのなかで、彼女たちが受ける肉体的暴力、精神的暴力はほとんど社会問題にされません。日々暴力にさらされていくなかで、自尊感情が損なわれていく。そうすると一旦切れてしまった社会との接点を見出すのは本当に難しくて、業界から抜け出せなくなるようなループにはまってしまう女性は少なくないんです。それに、どんなに気持ち悪くても、キツい仕事でも、わずかな時間目をつむっていれば、コンビニでアルバイトするよりはいいお金が手に入るのだからと、一度やめてもまた戻ってしまう女性は多い。

佐藤　男女どちらも、何かあるとそこに行ってしまうということですね。

公娼制度はなくなっても

北原　私がいつも疑問に思うのは、男の人は平気なの？　ってことです。ここまで自分たちの性が手厚くケアされて、管理されて、依存症みたいになって平気なのって？　性欲を否定しているのではない。これでいいんですか？　というシンプルな疑問です。

佐藤　平気ではないと思うんですけどね。ソープランドから、ああ幸せだなあ！　と出てくる男は少ないんじゃないでしょうか。

北原　じゃあなんで行くんでしょう？　やっぱり依存症に近いのかな。それにソープランドはまだ数万円払ってコミュニケーションの場として設定されている部分もあるけど、さっきの「サンキュー」とか、いきなりパンツ下ろして射精させるような、女性も男性も人間として扱われていない性ビジネスがあまりにも多い。

佐藤　性欲も宗教やナショナリズムと同じように、いろんな方向に誘導されてしまいますからね。

北原　他の国はどうなんですか？　国による性の管理が、日本のように露骨な国ってありますか？

佐藤　私が実際に暮らしたことがあるイギリスやロシアでは、売春というのは本当にイリーガルな世界で、闇で商売をしているから、日本においては警察が全部管理している風俗産業みたいなものはない。ロシアでは性にあまり金銭が絡まないんですね。旧ソ連に行って驚いたのは、夜の一〇時くらいにモスクワの公園でセックスしている人たちがごく普通にいた。並木道のベンチに座った普通のお爺さんお婆さんが、アルバイトでアパートの鍵を貸し出している。カップルがラブホテル代わりに使うからです。普通の夫婦だって、二ヶ月間の夏休暇では別々に休みを取って、ひとりずつ保養所に行って思い切り充電してくる。リアルな性がすごく近いんです。そういうのは国ごとの文化ですよね。

北原　性的なことに限らず、公教育の過程で、国に体を拘束される感覚に慣らされていくように感じています。運動会で延々と歩かされるとか軍隊式の訓練、私の世代では普通にありました。自分の体を自分だけで管理できないという感覚を、システムとして植えつけられているのかもしれないです。

佐藤　日本の場合、戦後に廃止された公娼制度が薄く広く拡散した感じがしますね。

北原　公娼制度がなくなって、警察による管理売春になっただけじゃないですか。女性の状況のひどさはあまり変わらない。

佐藤　そのひどさや悲惨さは、公娼制度があったときより少しソフトになったように見えて、むしろ本質的に量的な拡大は異常になっている。現在は、かつてないひどい状態じゃないんですか？

北原　結局、日本って自浄作用がないのだなぁ、と性売買の歴史をみると思います。公娼制度の成り立ちや、国際関係史からみた日本の公娼制度の特殊性は、小野沢あかねさんの『近代日本社会と公娼制度』（二〇一〇）に詳しいですが、娼妓の自由意志の体《てい》を取りながら実際は、国家が公認する人身売買システムだったんですよね。外圧があるから体面を整えるような法律はつくっていくけれど、結局公娼制度自体は一九四六年にGHQの要求によってなくなった。また前借金で女性を縛ることも、五六年の売春防止法制定まで続いていた。男が買うことが前提であることは、一歩も譲らないんです。

一九三〇年代の帝国議会本会議の議事録を読むと、国際的な人権基準から公娼制度を廃止するべきではないか、という議論もあるのですが、そのときも性売買自体はなくさず、国ではなく警察に管理させればいいという提案になっている。結果的に今、そういう状況ですよね。性風俗は国家公認の制度ではないにしても、業者は警察に営業届けを出すことが義務づけられている。

佐藤さんが仰ったように、このように進んできた日本の性売買の歴史は、かつてないほどの規模になり、かつてないほどの多くの女性がこの産業に関わるようになっている。街を歩けば風俗業への勧誘がすぐに目に入るような環境で、女子高校生を売りにする「違法ではない」風俗の多様化など、若い女性が性売買に関わるケースが増えています。子どもや女性の貧困も深刻化していて、すぐに現金を手に入れられる性風俗産業に飛び込むことも珍しいことではない。揺らぐことない日本の買春文化が、くるところまできてしまったな、とも思います。

佐藤　国の性管理においては、圧倒的にジェンダー非対称で、女性がその対象になって搾取と暴力と差別の対象になっているのが問題ですね。

北原　そういう搾取の前に、女性の自己決定って言葉は、薄っぺらく響くんです。

佐藤　マルクス主義の自己決定観でいうと、奴隷になる自己決定ってことになっちゃう。奴隷の種類がえらべるだけ。

北原　しかも選んだ途端に自己責任がつきまとう。辛すぎます。

強かん神話の真っ赤なウソ

佐藤　基本的に私は、お金が媒介となって性を動かすことに対する忌避反応がすごく強いんですよ。たぶんソ連の崩壊前後を見ていたからだと思う。ロシアが資本主義体制に転換した後、モスクワ大学で教えていたとき、生徒たちは日本でいうと都道府県で成績が一番か二番の女の子たちだったんです。彼女たちが学業を続けるためには、マフィアや外国人の愛人にならないとお金が続かない。自分ひとりだったらまだ家庭教師や通訳で生きていけるけど、自分の弟を大学まで行かせてやらなければいけないとか、それぞれの事情を抱えているから。

北原　資本主義によって、性の商品化がより露骨になるのは理解できるんですが、社会主義国であっても性売買は行われているわけですよね。

佐藤　確かにソ連崩壊後のロシアでも社会主義的意識は残っていますが、経済の基準は資本主義に転換しました。それだから、資本主義システムの問題として普遍化できるものだと思う。社会主義時代には、性とカネの関係はきわめて限定的でした。

北原　どこまで普遍化できるのか、どこからが日本の問題なのか、私は知りたいんです。

佐藤　重要な指摘です。たとえば、日韓「慰安婦」問題を考えるときに、韓国の公娼制度と日本の「慰安婦」制度における韓国人の人権侵害は、絶対に同じ相位にはありませんからね。韓国の公娼制度は、日本の人権侵害のエクスキューズにはなりえない。

北原　韓国の米軍「慰安婦」のことですよね。週刊誌などが、韓国軍もベトナム戦争で強かんしたとか、米軍向けに国策として「慰安婦」制度をつくったなどと得意げに記事にしていますが、そのような普遍化に何の意味があるんでしょう。そもそも米軍「慰安婦」は、日本軍「慰安婦」のコピペとしかいいようがないものだし、さらに韓国軍によるベトナム戦争での加害責任については、日本軍「慰安婦」問題に取り組んできた韓国の女性団体が積極的に告発し続けています。

佐藤　普遍化されると、問題の所在が拡散してしまいますからね。

北原　そうなんですよ。「軍隊とはこういうものだ。戦争とはこういうものだ」と普遍化されるなかで、戦時性暴力が語られるようになっていくと、日本軍「慰安婦」問題が見えなくなってしまう。

佐藤　気をつけないと、それはそのまま強かん神話につながってしまいますよね。男性には性欲があって、その性欲を抑えさせられることになったら誰でも強かんするのだという神話。それこそ橋下徹さんの発想ですよ。橋下さんが、二〇一三年に沖縄駐在米軍の性犯罪を減らすために「（沖縄の）性風俗をつかえばいいじゃないか」と発言しました。私はそのとき、沖縄には日本全体の七三・八パーセントもの基地があって、そのなかで沖縄の女性の性が利用されるという構造化された差別問題、女性問題じゃないかと批判しました。

それに、ストレスが溜まったら男は強かんするという言説は、むしろ男性差別にあたります。実際の強かんというのは、女性に憎悪があって、非常に計画性が高い犯罪なんですから。昔、釜ヶ崎あたりにあった「カキ屋」って知ってます？

北原　何ですか？

佐藤　風俗の一種です。女性のポスターが貼ってあって、客が下の方に空いている穴にオチンチンだけ入れると向こうでおじさんが射精までやってくれる。

北原　うわ、知らないです。まさに「カく」ってことか。

佐藤　男が男の性欲を処理するってことですよ。橋下さんが言ってるのは、その性欲処理を女性を使ってやろうとしていることなんだけど、自分の性欲を金銭によって他人に処理させるという発想自体がおぞましいんです。

北原　強かん「神話」を必要としている人がいるわけですよね。でも男たちがその神話で一体何を支えようとしているのか、なぜ女たちは常に「男の性欲が暴発するぞ」という脅しを受けていないといけないのか、私にはわからない。

佐藤　そういうことを言う男たちが真面目に考えているとも思えない。

北原　暴発させないために風俗やアダルトビデオがあるんだ、とか言われると、女からするとどっちも地獄です。

佐藤　男の性欲神話や強かん神話をそんなに信じてるんだったら、じゃあそこから脱構築や解体するために、「だったら去勢しましょう！」という話にもなるんですけどね。

「うちの猫が荒いのは玉があるせいだから、これはやっぱり抜いたほうがいい」と。実際に、うちの五匹のオス猫は去勢したら、本当に楽そうですよ（笑）。

北原　憑き物が落ちる感じですか。男性って、テストステロンにそんなに苦しめられているんだ。

佐藤　カトリックの修道士や神父たちには、去勢への憧れがあるんです。いくら欲望を超克しようと思っても結局はできないじゃない？　去勢はそのいちばんの近道ですから。

北原　強かん神話を手放さない男性たちは、そういう解決策を自ら招いているようなものですよね。「じゃあもう、つらかろうから玉を抜いてあげましょう。あなたのためですよ」と。そういう方向に、行っちゃっていいんですか？　という話です。

叱られるのが嫌い、批評は苦手

佐藤　強かん神話にも、沖縄や韓国への差別にも通じるんですが、平たく言うと、日本の男は褒められるのが好きで、叱られるのが嫌いですよね。

北原　それは普遍化しなくていい、日本の話ですか？

佐藤　少なくとも、私が知っているイギリス、チェコ、ロシア、ウクライナ、ベラルーシ、リトアニア、ラトビア、エストニアと比較すると、日本的な特徴だと思います。こんなにも叱られるのが嫌いで、こんなにも褒められて喜ぶ人たちが集積した国って珍しい。だって、日本の書評欄を見てみて。悪口を言ってる書評がありますか？　外国の書評欄ってもっと是々非々ですよ。日本は書評とPRの区別がない。

北原　二〇年前くらいは、書評にも批判があったし、美術にももっと批判的な評論があったと思うんですが。確かに評論文化が薄れてきているのは、実感します。

佐藤　新自由主義と関係しているんですね。

北原　新自由主義の台頭によって、褒められ好きの男が増加したんですか。

佐藤　そう、新自由主義まではもう少し尖っている側面があった。でも今は、尖っていることに耐えられないでしょう。

北原　薄めて、平たくして、中立の立場で語りたがる。私が特に批評文化が薄れているなと思うのは、美術の分野です。たとえば会田誠さんの少女を切り刻むような作品に対し、美術界からの批判がほとんど聞こえてこない。それは皆が良いと思っているからというよりは、批評の言葉や人材が育っていないからではないでしょうか。少なくとも、ジェンダーの視線で、このような作品がどのような文化背景において成り立つのか、どのような文脈で高い評価を受けているのかという分析的な批評が、もっと聞こえてきていいと思うのですが。

佐藤　これは日本に限らず、男は本質的な議論から逃げますからね。体をかわすのが上手い男が多いから。

北原　そうですね。美術界も政界と同じくらい、権威主義と男社会です。

佐藤　評価体系を男が握っていますからね。美術も音楽もそうだと思うけど、どこかで性的な関係を強要するということが自然にそこに埋め込まれてる気がしませんか？　アカデミズムもそうでしょう。

北原　確かにそうでしょうね。決定権のある場所に男性ばかりいたら、セクハラは絶えないでしょう。女性の表現者には「ジェンダー」を求められる苦痛を体験したことのある人は少なくないでしょうね。

佐藤　そういうことはあるでしょうね。

北原　九〇年代後半に、千野香織さんや若桑みどりさんらによる美術界でのジェンダー論争というのがあったんです。これまで男性評論家たちによって守られてきた「何を美とするか」、という価値を脱構築させる激しい批評が、フェミニストたちから行われた。とはいえ、そういう批評に対し、男性論者たちは主に嘲笑することで批評を交わしました。ジェンダー論など取るに足らないレベルの低い議論だと、相手にしないという方法論を取ったんです。千野さんの筆力は群を抜いていましたが、孤独だったと思います。二〇〇一年に、論争の最中に千野さんは突然死されるのですが、その時、若桑みどりさんは追悼文に「千野さんは戦死した」とお書きになっていました。男性社会に物申すのは命がけなんだって、そのとき、私、思い知らされました。

佐藤　哲学でも神学でも文学でも、フェミニズムからの問題提起はあるけれども、完全にジェンダーをベースにした作品がマーケットになりにくいという問題がありますね。

北原　そうなんです。日本で「女性学」という分野が確立しなかったのはなぜなんでしょうか。九六年に知ったときは感動したと話しましたけど、城西国際大学が女性学専攻大学院を設立して以降、増えなかったんですよね。

佐藤　女性学というのは、気をつけないと、上着を裏返しに着るというかたちでの学問になりますよね。ソビエト連邦が、資本家の代わりに共産党官僚が出てきただけで、実は資本主義的な体制とあまり変わらない抑圧的体制になったのと同じで。でも、一度は上着を裏返して、男と女の地位を逆転させないといつまでも構造は変わらないんですよね。男性的なやり方だと言われたって、会社の運営にもアファーマティブ・アクションを取り入れて「女性管理職〇〇パーセント」って男権的なところでやってみないと、その問題性はお互いにわからないから。

現代の幼稚な性意識

北原　話が少し変わりますが、今年、東京大学の学生五人が女性を自分たちの部屋に連れてきて、シャワーを浴びせて、ラーメンの麵をかぶせて、ドライヤーで陰部を焼いた性暴力事件がありましたね。二〇〇三年に起きたスーパーフリーのレイプ事件と何か違うような気がする、と考え込んでしまって。スーパーフリーは、自分たちがやってることを犯罪だとわかっていた犯罪集団なんですよね。見張りを立て、箝口令を敷いて、罪がばれないようにしていた。

佐藤　ばれないようなターゲットを選定して、アルコール度数九六パーセントのウオトカを飲ませて、酩酊させているんです。

北原　スーパーフリーはピラミッド型の犯罪組織で、犯罪によって男の連帯を深めていたけれど、今回の東大生たちは横並びで、子どもが集まって小動物を虐め、実験してるような感じで女性をいたぶって、反応を見て楽しんでいたように見えます。犯罪という認識すらないのではないか。

佐藤　女性と適正な距離関係をもつ訓練がまったくできていないし、それから、東大生であるという全能感のせいで幼児性を脱却していない。東大生だったら女性はほいほいついてくるし、これくらいのことだったらやっても構わないだろうと思っているのでしょう。だからむしろ感覚としては、八〇年代の女子高生コンクリート詰め殺人事件に似ている印象です。

北原　そう、昔はヤンキーがやっていたことを東大生がやってる。

佐藤　自分たちは東大生だから、社会のエリートという強い立場なのだから、よもや連れてきた子たちに訴えられないだろう、仮に訴えたとしても警察は自分たちの側の言うことを信用するだろうくらいの。過去にその種の事例があったんだと思いますよ、自分たちの体験のなかで。

北原 許されてきた男性たちなんですね。彼らの動機は、決して性欲じゃない。

佐藤 支配欲でしょう。それと、女性を襲うことでの仲間内での連帯感。連中はきちんと刑務所に入れて、刑務所のなかでまた別の人間関係というものを勉強してもらったほうがいい。まず拘置所であえて雑居にして、やくざがいるところに……。

北原 また拘置所の話（笑）。彼らは、罰を不当だと思うんじゃないですか？

佐藤 不当だと思うんじゃなくて、びびり上がると思う。まず拘置所に入ってごらんなさい。拘置所では性犯罪系とか女性への暴行系はいちばん軽蔑される。

北原 そうなんですか。

佐藤 刑務所暮らしの長い人から裏を取っています。

北原 実社会では、割と男性に同情的な視線が多いですよね。彼らが退学させられるかどうかまだ決まってないときに、輝かしい彼らのキャリアを無駄にする原因をつくった女、というように、被害者の方をセカンドレイプするような言説が飛び交っていました。

佐藤　あと、彼らがやった暴力行為は、ニュースで知った限りですが、限りなく動物虐待に近いと感じましたね。

北原　そうですね。反応を楽しんでいる、同じ命だと思っていないように見えます。女性に対する敬意や尊重を育てられないのは、ある意味、この社会の病ですよね。ネットでデリヘル情報などを見ていると、女性のボディサイズや、感じたときの声の出し方など細かな評価をするサイトなどもある。それを見たときに、ペットショップのホームページにあるような、仔猫や仔犬のサイズや毛並みなどの情報が出されているのと同じだと思いました。性の技術が販売されているのではなく、人間が売られているようにしか見えない。女性がイメージカタログの中の商品、取り替え可能な商品のように感じる感性は、決して特異なものではないかもしれません。

佐藤　確かにそこは延長上にありますよね。

戦争で性を管理される

北原　ところで佐藤さんは、済州島《チェジュ》に行かれたことありますか？

佐藤　ありません。

北原　最近、私の大学時代の恩師だった荒松雄先生が一九八二年に書かれた『インドとまじわる』という本を読み返したんです。インド留学時代のお話がメインなのですが、最後の方に若い頃の戦争体験が記されている。先生は、東京大学在学中に学徒動員で京城（今のソウル）に派遣されるんですけれど、そのときの最初の任務が花街で妓楼から出てくる兵隊を監視することだったと書かれていたんです。また、沖縄の次は済州島が決戦の場になるというので一九四五年三月に荒先生は済州島に連れていかれるんですけれど、そこでは戦後、大量のコンドームが余ったということがサラリと記されていたんですよね。済州島の山奥では使う場所がなかったけれど、いつか役に立つのではと下士官に言われ、数十ダースを持ち帰ったと。後に浅草の闇市で高く売れたらしいです。それを読んで、済州島に慰安所はあったのかなかったのか、なかったらなんで軍はコンドームを持っていたのか、京城にあった遊郭ではどんな人が働いていたのか、軍専用の遊郭だったのかとか、疑問が次々にわいてきました。玉砕を求められるような済州島や沖縄で、爆音が鳴り響くなかにも日本軍の「慰安所」はあり、戦争中でも花街と言われる場所は最後まで営業し続けたんですね。

　戦中、日本軍は沖縄全土に短期間で慰安所を作っていくわけですよね。少なくとも一四六ヶ所の慰安所が確認されています。一九四四年一〇月一〇日の米軍の空襲以降、辻遊廓の女性たちも「慰安婦」にされ、朝鮮の女性を軍の輸送船で運び入れ、小さな島にまで慰安所をつくっていった。

佐藤　沖縄だと、私の母親も軍属として見ていますからね。沖縄に関しては南方に連れていかれた「琉球慰安婦」問題もある。

北原　私が知りたいのは、この日本軍「慰安婦」問題が特に、なぜ日本の男の人たちにとっては未だに触れてほしくないような、腫れ物になっているのかということです。男のメンタリティとしてわかりにくいんですよ。だって、戦中に女性をそのように扱ったことをすごく恥だって考えてるようなところがある一方で、こんなにも現代が売春社会ってのはとても矛盾しませんか？　なんで普通に謝れないのか、なんで「女の自由意志だ」「強制ではない仕事だ」という免罪符を欲しがるのか。

佐藤　田中克彦『従軍慰安婦と靖国神社』（二〇一四）に書かれていること、あれが男の感覚なんじゃないですか。戦場の性の処理は必要なんだという立場で、それならば「お国のための慰安婦たちだった」となる。

北原　去年話題になっていた永青文庫「春画展」に行ってみて驚いたのが、日露戦争のときに兵士に配られたという、豆判の春画です。誰が配ったのかという主語はない。もし政府だとしたら、「お国のために死ね」と言いながらポルノを配る発想は、決して過去のものではなく、今の日本にも通じるものだと思うんですよね。

佐藤　そうですね。次は、戦時の性を中心に意見交換しましょう。

第二章
戦争と性

神とフェミニズム

北原　佐藤さんが前回挙げてくださったリューサー『人間解放の神学』、デイリー『教会と第二の性』を読みました。フェミニスト神学、とても面白いです。

佐藤　それはよかった、面白いでしょう？

北原　初めて勉強会にも行ってきたんです。そしたら会場に「フェミ神（の部屋）はこちら」と張り紙があった。妙にありがたいもののようで（笑）。語られていることの半分は、まだ理解できていないけど、パウロは女としてちょっと許せないとか、ワクワクしながら読んでいます。

佐藤　今のキリスト教は本来の教えからどうもずれているんじゃないか、というところからフェミニズムの理論が出てくる。これが面白い。それと、男と女の地位をそのままひっくり返すだけじゃだめなんだというところも。

北原　うんうん。フェミニスト神学にいちばん考えさせられたのは、彼女たちがやろうとしているのは、見えないものをいかに見て、聞こえない声をいかに聞くかということなんだなということです。聖書に書かれていない女の表象の背景に何があるのか、ということを読み解こうとしている。

佐藤　テキストになっていないものをね。

北原　そう、テキストから抜け落ちて、「ない」ものを語り、当時の男性たちの考え方から女性がどういうふうに描かれてきたか分析するというのは、神学の外でもフェミニズムがやってきたことです。

佐藤　その視点を現代で考えてみると、たとえば労働という文脈において、家事労働は労働と認知されないというかたちで、女性の働きが数値化されない。したがって、文章にもなりにくい。

北原　そうです、そうです。その文章化されないところを描くのが、フェミニズムの仕事です。フェミニスト神学も自分たちの神様について書いてあるテキストに対する疑いと、その読み方であると考えれば、見えないものを見る、聞けないものを聞くという考え方が、今の自分にすごくぴったりきているのでハマっています。

佐藤　でも、やっぱり理屈をつけることの前提に、男性権力のもとで制度化されたアカデミズムという存在があるでしょう。だから、フェミニズムを理論化するという作業は、そのこと自体にフェミニズムが抜け落ちるという難しい問題がありますよね。

北原　まさにその通りで、男性アカデミズムのなかでフェミニズムが輝けないのは当然だよね、と思います。また一方で、理論化しなければ学問として成立しない、認められない。フェミニストの先輩たちが、どれほどの思いで闘ってきたかがしのばれますが、日本のアカデミズムフェミが今、女たちの痛みや思い、現実から離れてしまっているようにみえる理由は、そこにあるのかもしれませんね。

佐藤　理論化することのマッチョさですよね。

沖縄事件の報道の異常さ

北原　ところで、少し前まで、テレビは舛添都知事の流用問題しか報道していませんでしたね。沖縄で大変な事件が起こっていたのに……。沖縄県うるま市で、二〇歳の女性が遺体で発見された事件で、在日米軍の軍属で米国籍のシンザト・ケネス・フランクリン容疑者が死体遺棄容疑で逮捕されました。

佐藤　報道の偏りに、あまりにも無自覚すぎる。特に元米海兵隊員が逮捕された後は、恐らく弁護士の方針もあって、完全黙秘に切り替えちゃったでしょう。黙秘権が認められていても、これはいわゆる政治系や表現系の犯罪じゃなくて、暴行と殺人なんですから、やったことについては言ってもらわないといけない。自供が取れないようでは、捜査機関としての警察の能力が問われることになる。

北原　そうなんですよね。容疑者が黙っていて報道も何も補わないから、わからないことが多すぎる。

佐藤　沖縄県知事がオバマ氏に直接会って沖縄の思いを伝えたいと言ったら、政府はけんもほろろに断ったでしょう。でも、いま明らかになっているのは、ケネス容疑者が最初に自供した内容だけなんですよ。死体を運んだと言っているスーツケースすら特定されてない。仮に同じようなことが東京であったとしたら、たとえば広尾には日本人が入れないニュー山王ホテルというアメリカ軍の施設がありますが、広尾で夜八時にウォーキングしている女性がいて、その女性が棍棒で殴られて、強かんに抵抗したからと刺され、トランクに入れられて新宿御苑かどこかに捨てられたとしたら、日本の世論の反応が今回と同じで済みましたか。そういう風に沖縄と日本を分節化したときに、沖縄側からすると、疑問に思うことばかりなんです。

ちなみに沖縄では、当初「殺人事件」とは言わなかったです。死体になってから遺棄されたんじゃなくて、生きたまま遺棄されているかもしれないから、沖縄ではどの新聞も女性遺棄事件と書いている。まだ生きていて助かる可能性もあるのに遺棄されたんじゃないかという。

北原　沖縄以外の報道だと、ケネス容疑者の人生もまったく見えてこないんです。

佐藤　報道の違いもあからさまですよ。事件の全貌が見えた瞬間に、沖縄では琉球新報がいち早く被害者を匿名に切り替えて、それで、他の日本の新聞も追随するようになった。死者の人格権の問題です。さらに、日本の新聞はいまだに容疑者を「シンザト容疑者」と書いているんだけど、沖縄の新聞ではかなり早い段階ですべて「ケネス容疑者」の表記になっているんですよ。「シンザト」という名前だと沖縄系アメリカ人だと勘違いされ、沖縄人の犯罪だと誤解される可能性がありますから。

北原　なるほど、それだと見えなくなるものがあります。

佐藤　そして、こういう事件は、沖縄と日本という切り口だけでは足りない。やっぱりこういう性犯罪が起きることに対しては、ジェンダーの問題が関わってくるわけですよね。

北原　その通りですし、軍と性、戦争と性という問題を突きつけられます。

佐藤　そういう問題が凝縮されている事件であるにもかかわらず、報道からは一切抜け落ちていますね。米海兵隊の犯罪がなぜ多いのか、海兵隊が戦場で何をやっているのかということと表裏をなす事件なのに。海兵隊における男性性を強化するために、女性に対する憎しみを植えつけてるんじゃないかという仮説があって、けっこう説得力があると思うんです。なぜ海兵隊であれだけのことが起きるのか。実際、海兵隊は現地で何をやったのか。ベトナム戦争だけじゃなくて、中東での戦争のことも封印されているんだけれども。それから沖縄と日本の間の基地の過重負担というかたちでの差別の構造がありますね。

こういったことをどんどんニュースにして、問題を解明していかないと。自分たちが被告人席に座らせられることになるんじゃないかと嫌がる、日本のマスコミ関係者の心理があるんですよ。男たちはいつもいい子で褒められていたいんですね。直接自分が手を下したわけじゃないんだけど、構造的に自分に責があるという問題に対して責任を追及されることへの形而上的な恐れを持っているんですよ。

北原　本当に恐れているんですか？

佐藤　怖がっていますね。

北原　正しく怖がってくれればいいんですけど、見ないようにして、ただ逃げているようにみえます。ベトナム戦争時、ベトナムから帰ってきた海兵隊員のために、アメリカ軍は沖縄に風俗施設をつくったんですよね。沖縄で性暴力問題にずっと取り組んできた強姦救援センター・沖縄代表の高里鈴代さんによれば、女性たちは、その施設で一日四〇人を相手にすることもあった。そしてその施設外でのレイプはなくならなかったと。

ベトナムで戦ってきた男たちが、人を殺し、殺される体験をしてきた軍人たちがどのような振る舞いをしたか沖縄の人たちは見ているわけです。軍と性の問題をちゃんと考えなければ、沖縄の問題は見えてこない。

佐藤　性犯罪の側面ではなく、ケネス容疑者は沖縄の女性と結婚して、子どもも生まれたばかりということを沖縄のマスメディアは強調していました。

北原　「子どももいるのに」「妻もいるのに」という言い方をされていた。

佐藤　戦時に限らず性暴力を振るった人間が、よい家庭人になるということは、恐ろしいことに両立する。

北原　そうなんです。

佐藤　日本の報道は、この種の事件をスルーしていこうという力があまりにも強いと思いませんか？

北原　あまり騒がないようにしようという力が働いていますよね。

佐藤　私は、政府が何らかの統制をしているという可能性はないと考えていて。むしろ、見たくないものは見たくない、嫌な話は聞きたくないという視聴者や読者、国民全体のニーズが問題なんじゃないですか。

ナショナリズムと性暴力の関係性

北原 今年の六月一九日、佐藤さんと一緒に被害者の女性を追悼する沖縄の集会に参加したとき、私は一九九五年に自分が何を見て、何を考えていたか思い出してたんです。沖縄で米兵による少女への暴行事件があって、沖縄で大規模な県民大会が開かれていた。それは連日、大きく報道されていたのを記憶しています。誤解を怖れずに言えば、少女が置き去りにされている印象があり、違和感を覚えました。県民大会に対してではなく、少女暴行に対し怒っている男性の怒りと私の怒りの種類は違うと思った。

佐藤 沖縄のなかにも問題があるんですよ。あの九五年の事件も、典型的な戦時性暴力なんだけど、同胞の女性を我々は守ることができなかったというナショナリズムが起こって、そのナショナリズムが少女というシンボル操作で大きくなっていった。その発想自体が、すごくマッチョなんです。

北原 そう。その怒りの流れに入っていけなかったんです。

佐藤　それはすごく自然な感覚じゃないですか？

北原　日々、この国でレイプ事件、性暴力は起きています。なぜ米兵への抗議行動になったとき、男の人たちがこれほど感情的に怒りを爆発させるのだろうか、と。とても父権的な運動、に見えたのだと思います。

佐藤　それはわかりますよ。ただ、今回の死体遺棄事件のポイントは、性暴力一般じゃない。日本全土の〇・六パーセントの沖縄の土地に、基地が集中している。二〇一三年までは、日本全体の七三・八パーセントだったのに、その後少し増えています。それは二〇一四年に神奈川の相模総合補給廠が返還されたからです。沖縄における米軍の基地負担は本土に比して過去三年でも増えている。基地の比率が高ければ、犯罪の比率も高くなる。これは、確率論の話なんですよ。

北原　今年六月の県民大会に参加して印象に残ったのは、被害者の女性のご両親からの「娘を最後の犠牲者にしてください」というメッセージでした。私は性暴力被害者のことを「犠牲者」と呼ぶことには抵抗があるんですが、この場合は犠牲者としか言いようがない。犠牲が強いられ続けてきたなかの話だって認識できたときに、沖縄と性暴力の問題を自分のなかで考える道筋がつくられた感じがしたんです。基地と性暴力の問題は、ジェンダーだけではなく、沖縄が強いられてきたことを、沖縄の歴史のなかで、戦争の歴史のなかで語らないと見えてこない。沖縄の「ナショナリズム」は当然だろう、という思いにもなります。ナショナリズム＝悪というような切り方や、ナショナリズムかジェンダーかという問い立てでは、複雑な差別や暴力を語れないのだと気づかされました。

でも、九五年からこの二一年間で本当に日本は……何が変わったんでしょうか。今回、四〇代と三〇代で集会のステージに立った人がいなかったじゃないですか。県民を代表して語ったのは、若者か高齢者だった。なぜ、私たちの世代で発言する人がいないのか。自分の世代の問題として感じました。私たちは、このような問題から目を逸らしてきた世代なんじゃないかと。

佐藤　沖縄において今、非常に重要になっているのが、当事者性だと思います。運動に関与する人間がどのような当事者性から入っていくか。性暴力の当事者性で入っていけば沖縄で受け入れられるんだけれども、一番やっちゃいけないのは、本土の人間が「日本の他所では考えられないようなこんなひどいことが沖縄でおこなわれているんだ」という上から目線で入っていくこと。それはつまり趣味でしかないんですよ。そんな目線でしか見られないし、語れないのなら、沖縄の本音は「来ないでくれ」という話なんです。

北原　それは、すべての差別問題に共通することですね。当事者でない人が、ずかずかと「こんな悲劇がここにあるのか」と語るときに、それまでの当事者運動に対する敬意や配慮、そして当事者の自己決定権を軽視してしまうことがある。

沖縄への差別構造

佐藤　沖縄の問題は、日本人が悪いという単純な話ではない。構造化された差別においては、九九パーセントの人間と一パーセントの人間に分かれるのは当たり前なんですよ。だから、差別された沖縄人側が、自分たちが思うところの最大限要求をしてくるのも、全然異常な話じゃないわけです。どの基地ひとつとして、民主的手続きを経て造られたものはないんですから、沖縄が全基地撤廃せよと言うのは当たり前の話です。

しかし全撤廃を要求した場合、中央政府は力で押してきて、人を何人か殺しても構わないと腹を括るのが目に見えている。そこを見るのが、リアリズムですよね。私は最大限要求派ではなくて最小限要求派だから、沖縄からはそれなりの信頼を得られてると思いますけどね。

北原　佐藤さんは沖縄問題に関する当事者性が、はっきりしています。琉球新報での佐藤さんの連載が、言葉と希望を、多くの人にみせているのを実感します。

佐藤　本人にはよくわかりません。私が沖縄にコミットするときには、「差別」がキーワードになる。沖縄の問題は、安保の問題じゃなく、差別の問題なんです。その補助線を引けば、保守革新かかわらず理解はしてもらえる。一九五一年のサンフランシスコ平和条約調印時には日本の九割の米軍基地は本土にあったのにもかかわらず、いまは沖縄に七四・五パーセントの基地が集中している。そんな不公平な状況がどうして固定されてるのか、それは不公平なままでいいからということでしょう、それは差別でしかない。そういうことです。

でもそうなると、差別問題というものが深刻なのは、沖縄のなかでもジェンダー差別があり、あるいは沖縄本島が先島諸島を差別してきたという問題がある。この複合差別の問題は文脈を間違えると、今度は差別を強化する言説に入ってしまうので難しい。

北原 すべての差別は複合差別だから、語りにくいし、そして日々アップデートされてしまうんですよね。

佐藤 そうです。たとえば、障害者の差別問題のなかにも、さらに身体障害者と知的障害者がいて、その双方が複合してる。でもさらに気をつけないといけないのは、もっとも差別されているところの視座に立ってやるのが正しいんだということになると、そうじゃない人間がもっとも差別している人間に寄り添って、そこで発言権を得てくるという、ものすごく歪んだ姿になる。

北原 それは非常に醜悪です。本当に過酷な状況にある性売買従事者に、男性言論人がすり寄って女性を代弁し、発言力を強めているのと重なります。あるいは、差別構造を理解できない人たちが、「日本人男性が最も差別されている」という倒錯した差別認識を生み出すようなこともある。在特会みたいに、もっとも差別されている存在を叩いて、自分たちこそが被差別者だと声をあげたがる。

佐藤 日本テレビ報道局解説委員の青山和弘さんが書いた『安倍さんとホンネで話した

700時間』（二〇一五）を読むと、安倍さんは自分たちは差別されて虐げられてきた人間だと、本気で思っていることがわかります。在特会と認識の距離があまり変わらない。

北原　差別ということの定義がそもそもできてないんじゃないですか。差別と疎外の区別がついておらず、自分が不遇だったり、疎外されてきたことを差別と捉えてしまう。そこには本当の痛みがないんですよね。

佐藤　だから、その差別を本質的に捉えてない人が発言しても、沖縄人は冷たいですよ。たとえば、あの集会で、琉球SEALDsに所属する大学生が「二番目の加害者は、安倍首相と日本人だ」と言いましたね。会場の一部は沸いているように見えたけど、私の周りは冷ややかだった。

北原　黙っていましたね。

佐藤　ああいうあざとさが、本当は沖縄人は嫌いなんですよ。まず、安倍さんは政治家だからいいが、日本人全員を一緒にしていいのか。それと、東京でも日本人のSEALDsのメンバーに対して「あなたたちは安倍と同じ加害者だ」と日常的に問題提起をしているのか。壇上で一言だけ言っておしまいってものへの忌避反応は、沖縄ではすごく強い。
哲学者の國分功一郎さんは、東京の小平市で道路計画をめぐる住民投票に関わった人で、大学で民主主義を教えています。彼は、こんなにも沖縄の住民の声が行政に届かないというこの現状をどう自分の学生たちに伝えればいいのかと、当事者意識をもって沖縄に来た。だから、沖縄はそれを受け入れた。琉球SEALDsの活動家たちとその違いは大きい。

北原　当事者性がないまま差別を語ると、差別を更新していきかねないことになりますからね。

『帝国の慰安婦』をめぐる論争

北原　日韓「慰安婦」問題も、沖縄問題と共通するものを感じます。

佐藤　沖縄の問題では、宮台真司さんが典型的ですが、「沖縄も先島を差別してきた差別者であるから半分悪い」みたいな言説に飛びつく人たちが出てくる。でも構造的差別のなかで、差別されている沖縄側が半分悪いなんて虚構です。

北原　差別されている側にも問題がある、というような言説ですね。和解しない韓国が悪い、日本をいつまでも許さず反日教育している韓国がおかしい、と。

佐藤　そう。韓国のなかでも「あれは戦時中の売春婦だった」という言説が出てくると、よく言った、これぞ勇気ある言説だ、とそこに皆飛びついていくわけです。

北原　世宗《セジョン》大学校教授の朴裕河《パクユハ》さんが書いた『帝国の慰安婦』（二〇一四）も、そのような文脈で評価されていますね。まさに被害者が加害者になることもある、「慰安婦」も多様だった……というような多様性や複雑性を描き、より「慰安婦」の実態に迫ったと評価され、石橋湛山記念早稲田ジャーナリズム大賞やアジア・太平洋賞を受賞しました。この本が、「慰安婦」たちの名誉毀損にあたるとして、「慰安婦」当事者から告訴され、ソウル東部検察庁が著者を「名誉毀損罪」で在宅起訴しました。この在宅起訴に対し、日本の言論人たちが、抗議声明を出しましたね【＊1】。

佐藤　北原さんと同じく、私もあの抗議声明にはサインしませんでした。二〇一四年の韓国地検による産経新聞支局長名誉毀損起訴という加藤達也さんの事件については積極的に抗議に関わったんですが、『帝国の慰安婦』の方はハルモニたちが訴えましたから。

ふたつのケースは、どちらも確かに韓国司法が言論の自由を侵したということで括れるけど、『帝国』の方は、当事者性がある人たちが傷つけられたと訴えた話ですからね。かたや、加藤さんの記事で朴槿恵《パククネ》が痛みを持っているのか。本質的に、構造がまったく違うんです。

北原　声明文には「この本によって元慰安婦の方々の名誉が傷ついたとは思えず」とまで書かれているので、当事者の告訴の意味を消してしまった。

佐藤　『帝国の慰安婦』には実証性で荒い部分がありますよね。

北原　荒いです。ただ、実証性で荒い部分があるという批判は、著者にとっては痛手にならないようなんですよね。というのも、朴裕河さんは歴史家ではなく文学研究者としての立場をアピールされているので、事実にはそもそもこだわっていません。ある事実を違う側面から見たらこうも見えます、というようなことを文学的に表現していくこと

※1　二〇一五年一一月二六日、日本やアメリカの学者や作家ら五四人による抗議声明文。韓国の司法当局による、学問や言論の自由への弾圧を批判した。

に力を入れている。そういう文学的な表現が日本社会には受け入れられたんじゃないかなと思います。文学的で、エロスとロマンと悲劇が絶妙に織り交ぜられていて、読みやすいのかもしれませんね。

正直に言えば、私は、最初の数ページで、動悸が激しくなってしまって読み進めなくなったんです。たとえば、慰安婦たちがトラックで移動するシーンを描いた田村泰次郎の小説『春婦伝』が紹介されているんですが、そのことを根拠に、朴裕河さんは「慰安婦のある程度の『移動の自由』も示している」とさらりと記す。この一文を読んで、無理だと思いました。慰安所間の移動ですよ、しかも軍の車で、軍人と一緒に移動ですよ。それを「移動の自由」と呼べる感性を私は、とてもじゃないけど信用できない。あとは、挺対協（韓国挺身隊問題対策協議会）という日本軍「慰安婦」にされた女性たちの支援団体に対する、根拠の薄い批判にも、私は抵抗を感じました。朴裕河さんによれば、挺対協のナショナリズムに立脚した運動が日韓の和解を遅らせてきたということになる。

佐藤　日本の言論人のその雰囲気は、吉本隆明シンパのなかにあるものに一種似ています。『反核「異論」』で吉本が反核署名運動を「反核ファシズムだ」と批判したのに通じるものがある。

北原　たしかに、市民運動に対し「正義」に固執するファシズム呼ばわりするような空気がありますね。

佐藤　『帝国の慰安婦』のテキストにおける、著者自身の立ち位置の問題もあるんだけれども、軽々しく署名する知識人のあり方が問題ですよね。

北原　この本は起訴されて当然だとは、まったく思わない。ただ、なぜここまで高い評価を得るのか、「慰安婦」問題の日本社会での語られ方を、改めて考えさせられる機会になりました。

　実は今年の三月に『帝国の慰安婦』をめぐるシンポジウムが東京大学駒場キャンパスで開かれたんです。主に声明文に署名をした知識人たちと、『帝国の慰安婦』を批判的に読んだ人たちがそれぞれ登壇したのですが、かなり衝撃的な体験でした。かりにも東京大学で、教授クラスの方々が一冊の本を巡り議論をするわけじゃないですか。私も発表の機会を与えられたので、けっこう緊張して行ったんです。ところが、そういう場で怒声が飛んだりするんですよね。

佐藤　怒鳴る人がいた？

北原　いましたね。「和解から始めればいいだろう！」と大声を出す男性知識人もいて、びっくりしちゃった。

佐藤　怒鳴ること自体が、非常に暴力的だということに気づいてないのかな。

北原　あと、たとえば自分が共感する発表にワーッと拍手するのは私のなかでは当たり前だったんだけど、その拍手のしかたが党派的だというので批判を受けました。

佐藤　物事って、党派的で何か悪いのかな。

北原　多分、ファシズム的なものに対する拒絶反応だったんですね。本を批判する側は、自分たちにとって気にくわない言論は、規制されても当然と考えるファシズムと思われたんだな。

佐藤　だったら、芸能人のファンクラブなんて完全に党派じゃないですか。あるいは、この作家が好きとか。

北原　また「誤読している」という批判もありました。

佐藤　そもそも読者は、テキストを誤読する権利があるんだから。もうひとつ、韓国の国家権力による表現活動に対する弾圧を批判すると言うのだったら、ではそこにいる人のなかで、産経新聞の加藤達也さんの件に関与した人が何人いるんでしょうか。

北原　少なくとも声明文は出してないですよね。「表現物に国家権力の介入を許すのか?」という批判もありましたけど、そもそも突然国家権力が介入したわけじゃない。韓国特有の司法制度も関係してくるのですが、韓国では一旦告訴状が出されたら、検察は一〇〇パーセント捜査して、起訴するか否かを決めなくてはいけないんです。さらに元「慰安婦」女性たちは「出版物等による名誉毀損」(第三〇九条)で告訴していますが、検察は、「公然と虚偽の事実を摘示して人の名誉を毀損した」(第三〇七条)という内容で起訴しています。出版物による「表現の自由」は守られなくてはいけないので、三〇九条は簡単には適用できないということらしいです。つまり、検察が表現の自由を真っ向から弾圧したかのように言うのは間違いです。だいたい、そこには二重の差別があるんです。韓国の民主主義に対する差別と……

佐藤　自分たちは民主主義の兄であるという態度ですよね。日鮮同祖論、日琉同祖論もそうなんだけど、同祖論はどちらかが兄になるんですよね。帝国主義的な支配が終わった後、今は日韓ともに民主体制なんだけれども、民主主義においても我々日本が兄なんだと、それとパターナリズムが無意識のうちに出ている。

北原　まさに兄としての発言でした。もうひとつの差別は、女性の運動に対する蔑視です。『帝国の慰安婦』には、日本大使館の前に少女像を建てた挺対協に対する批判が、最初から最後まで一貫して貫かれているんですね。「反核ファシズム」じゃないけれど、「反日ファシズム」団体のように描かれている。当事者をおきざりにし、フェミニストたちが自らの狭量な正義感で、当事者を政治利用している、という侮蔑がある。そこに共感する知識人が、日本には多いんだなあ、ということにショックを受けました。

そのふたつの差別を怒鳴り声や苛立ちのなかで浴びていると、シンポジウム自体はその本をめぐる議論だったはずなんだけど、結局剝き出しになったものは、日本のアカデミズムの危機だなと思いました。私は、少なくとも声明文は撤回するべきではないか、と壇上で発言しましたが、通じなかったと思います。

佐藤　通じないと思った？

北原　はい。

佐藤　アカデミズムのシステムを我々は男だから意識してないんだけど、北原さんには構造自体が男権的になっていると感じるところが多々あるんじゃないですか。

北原　アカデミズムと運動の論理は違う、ということが、アカデミズム側の人から強調されていました。運動に対し、とても冷酷な姿勢です。韓国の民主化運動をみていると、アカデミズムと運動が共に闘ってきたことがわかるんですが、日本の研究者はいったい誰と闘っているんだろう？　韓国の市民運動団体を潰すようなこととして、何がしたいのか、さっぱりわからないです。

語りのリアルはどう伝わるか

佐藤　日本軍「慰安婦」問題だったら、そこで具体的に誰が傷つくのかという問題がありますね。そうすると、本当のことだったら全部を開示すればいいという話ではないですよね。

北原　どういうことですか？

佐藤　慰安所で起こった出来事について、元「慰安婦」から内々に聴取したけれども、彼女たちは法廷で話すことを前提で話したわけじゃないし、読み上げてほしくないと思っている場合です。それを法廷や公の学会で読み上げるのは、よくないと思うんです。

北原　そうですよね。

佐藤　ただ、故人になった場合、そのときの人格権はどう考えるか。状況によっては読み上げたほうがいい場合もあるかもしれないし、ケースバイケースですね。

北原　この間、画家の富山妙子さんとお話ししたんです。一九二一年に満州で生まれ、現在も現役で作品を発表し続けていらっしゃいます。富山さんは戦争が終わったとき、さあこれからは足元を見て生きよう、アジアのなかの日本を見つめ直さねば……と考えるのだけど、その横で、やはり芸術家の夫がパリに行きたいとか夢みたいなことを言い出すわけです。富山さんはその男性と別れて、女性が芸術家を名乗るだけで嘲笑されるような時代に、炭鉱労働者や、アジアをテーマにした作品を描き、八〇年代からは「慰安婦」を作品にしていく。

インドネシアの海に沈んだ日本の軍艦に何人もの「慰安婦」が乗っていたと聞いたことから着想を得た、自分が巫女としてその海に行って「慰安婦」たちにお話を聞くという絵があるんです。その巨大な絵をいくつかのパーツにわけて写真に撮り、スライドにして見せながら「そのとき私は連れて行かれた。ここがどこだかわからない」というふうに彼女たちの詩を語っていく「海鳴り花寄せ」というショーを始められた。巫女としての富山さんが、海の底に沈んでいる「慰安婦」や日本軍人、故郷の山の話や、家族の話を聞くんです。もう、その詩が素晴らしい。日本全国、そして東南アジアにも出向いて作品を発表されていったそうなんです。ただ、一九九一年に、実際に日本軍「慰安婦」の経験をした金学順さんが出て以来、富山さんは、そのショーを行わなくなるんですよね。

佐藤　本物にはかなわないと。

北原　そうなんです。でも、いま富山さんの作品に触れると、それは死者の語りを想像しながら自分が出かけて行って聞くという空想の物語なんだけど、言葉の力に圧倒されるんです。その想像力、その痛みの言葉こそ、いま伝えていかなければいけないものなんじゃないかと思えてくるんです。

いま、日本軍「慰安婦」にさせられた当事者たちの話は、語る度に違うとか、嘘をついているとか、そういう批判をする人が少なくありません。でも、実際の「慰安婦」たちが語り出す以前は、日本の社会のなかでも「慰安婦なんてなかった、そんなのはいない」などという反応はなかったですよね。本物が話すことによって「あいつら嘘つきだ。本当は被害者じゃない」という言葉が出てくるようになった。これが意味するのは何だろうと考えさせられます。

佐藤　物語性の根本や、人間の記憶の構造と関わる話ですよね。日本軍「慰安婦」問題は歴史問題なのか、あるいはア・ヒストリカルな問題なのか。この場合の「ア」は否定辞です。歴史にとどまらず現在の出来事として総合的にとらえるかということです。

北原　うん、そうですね。

佐藤　富山さんが作品を発表していた時代においては、日本軍「慰安婦」問題は歴史問題だった。歴史問題だから、呼び起こして現前させせないといけなかった。でも今、現に生きている「慰安婦」たちが説いているのは歴史問題じゃないんですよ。今ここでの日本人の姿勢を問われているわけだし、今ここでの日本の男の姿勢も問われているわけだし、程度の違いはあれど、韓国の男の姿勢も問われている。すべて共時的にね。

それからアメリカでは、この日本軍「慰安婦」問題は、いわば生理的嫌悪をもたらす問題として受け止められた。それは歴史問題ではなく、今この場で自分の妹が慰安所に連れて行かれたらどうなのか、自分の娘が連れて行かれたらどうなのかという問題として受け止められるから。共感力がリアルなんですよ。たとえば『慰安婦と戦場の性』を書いた秦郁彦さんだって実証的にやっているんだけど、彼が慰安婦たちを売春婦と切り捨ててしまうのは、そのリアリティをとらえる力が欠けているんだと思う。

北原　男の人は、自分の母や娘と考えないとリアリティがもてないんですかね？

佐藤　人によると思う。

北原　佐藤さんはどうですか？

佐藤　母、妹、娘というカテゴリーはあまり関係ないけど、ただし自分にとって遠い人か近い人かは関係あるでしょうね。

北原　自分が女でも、なかなか想像できないことですよね。想像を絶することが起きているわけだから、想像ができるとは軽々しく言えない。富山さんはその限界を破って描いていたんですよね。でも、富山さんはアジアや戦争、歴史というものをテーマにしていたら、女は母親や子どもを描けと嘲笑されたと仰るんです。松井やよりさんも、七、八〇年代に日本軍「慰安婦」問題のことを書こうとしたら、朝日新聞のデスクから「下《しも》の話はやめようよ」と言われ続けていたそうです。そういうふうに、まだ「慰安婦」問題が、それだけのこととしてしか捉えられてなかったときに、富山さんや松井さんが活動されてきた。改めて女の運動の孤独や、その闘いの決意のすさまじさを感じますよね。とはいっても、私も八〇年代に松井さんの文章を読んでいたはずなのに、この問題をリアルなものとして知ることができたのは、やっぱり九一年に金学順さんが出てきたからです。

佐藤　私なんかは世代が一つ上だから、三一書房から出た千田夏光さんの『従軍慰安婦』（一九七八）を読んで知りましたね。

北原　そうですか。

佐藤　僕らの周辺では、あの本を読んでいるということは前提になっていましたね。それから朝鮮総連のほうが調査団をつくって、沖縄の慰安所を調査したでしょう。

北原　そういうとき、佐藤さんはどう読んだんですか？

佐藤　高校生のときだったけれども、すごい衝撃的だった。ただ慰安所の話は母親から聞いていましたから。

北原　沖縄の慰安所ですか？

佐藤　そうです。那覇に日本軍が来ると慰安所が造られたという事実を母は目撃していますｌ。そこで兵隊たちが並んでいたから「何やってるの？」と訊いたら皆がにやにや笑っていて、姉に「それは訊くことじゃない」とすごく叱られたと。後になってあれが慰安所だとわかったと語っていました。兵隊が二〇人も三〇人も行列していて、長崎ピー屋と朝鮮ピー屋と呼ばれる元締めがいたらしいです。

子どもができてしまって泣いている「慰安婦」の人の話とか聞かされましたね。私の場合、「慰安婦」の話よりも、母から聞いた朝鮮人徴用工の話のほうが印象に残っています。国民学校（小学校）に集められて訓練させられるんだけれども、日本語がわからない。母と友人が学校の塀の上に座ってそれを笑っていたら、訓練していた陸軍准尉が「あの人たちは朝鮮半島から集められて訓練をしているんだ。日本語がわからないからと笑ったらだめだよ」と。どこからかあの人たちは唐辛子が好きなんだと聞いて家から、鷹の爪を山ほど持ってきて朝鮮人軍属に渡したら「ありがとう、ありがとう」とポケットに全部入れて、ひとつくわえていたと。それを見てすごく驚いたとかね。そういう話のほうが覚えてますね。母は「みんな、どこに行っちゃったんだろうね」と言っていた。要するに、「戦争が終わったときに収容所を見たことがない。ほとんどの人が戦争で殺されちゃったんだね」と。

北原　そう。本当に酷いけれど、生き残って下さった女性がいたからこそ「慰安婦」は、「問題」になった。何も訴えられないまま亡くなった人がどれだけいたか。

佐藤　朝鮮人や中国人は、いちばん危険な戦地に送られましたからね。だから、千田さんの本を読んだときに頭をはたかれるような衝撃は受けなかったけれど、家庭のなかで聞いている戦争の歴史があるから、日本軍が素晴らしいという幻想はなかった。日本軍ならそういったことはやりかねないと知っていたから。それから、七〇年代に朝日新聞で本多勝一さんの「中国の旅」が連載されていましたよね。それが中学生のときで、母親がそれを読みながら「ひどいね」と言っていたのを覚えています。

北原　戦地だけじゃないんですよね。シンガポールで日本軍が何をしたかという絵本を最近読んだのですが、日本軍人がバスに乗りながら外に向かって立ちションをしていた姿が描かれていて、それに人々がビックリした……というようなシーンがあった。乗り物のなかの軍人の傲慢な振る舞いって、なんだかすごく、目に浮かぶんです。

問題の残余をどうするか

北原　私も日本軍「慰安婦」の存在は、石坂啓さんの漫画『安穏族』（一九八四）などで一〇代の頃から知ってはいましたが、やはり金学順さんの登場は、今まで自分たちが見ていた世界が急に戦前に戻されたくらいの力があったんです。そのとき二〇歳でしたから、自分と同じくらいの年齢でこの人たちは戦場へ連れて行かれたんだということもショックだった。そして朝鮮人「慰安婦」女性たちが声をあげて下さったことで、では今度は日本人「慰安婦」はどうしたんだ？　という問題にも突き当たっていきます。

佐藤　問題が完全に潜っちゃったけど、その中間的なところに「琉球慰安婦」がいますからね。

北原　そうですね。「琉球慰安婦」は海外に連れて行かれているんですよね。

佐藤　サイパンなんかが多いけど、南方に連れて行かれてます。ただそれは、徴用というより、沖縄には辻があって人身売買が日常的におこなわれていた。だから、どこまで強制性があったかがすごくわかりにくい。舛田利雄が監督していた『大日本帝国』（一九八二）という映画にも、佳那晃子が三浦友和と同棲している「琉球慰安婦」役として出てきますね。長崎で「日本ピー」と呼ばれていたような「慰安婦」たちと同じで、朝鮮慰安婦よりも少しだけ自由だったようです。いやだなあと思いながら観ましたけどね。

北原　「琉球慰安婦」として出てくるんですか？

佐藤　そう、かんぷを結って、サイパンを指して「ここが内地よ」と言う。舛田利雄が「琉球慰安婦」の話をどこかで読んできて、作品に埋め込んだわけだね。

北原　昔の映画を観ると、当たり前のようにそういう話が出てきますね。

佐藤　フランキー堺が主演の映画『与太郎戦記』（一九六九）も慰安所がそのまま出てくる。

北原　そうなんです、九一年以前は、映画を含む物語で「慰安婦」の話がたくさん描かれていた。ところが本物が出てきた途端に、拒否反応がより強くなった。なぜなんでしょう。

佐藤　いろんな要素がありますよね。性というものは、隠されないといけない恥ずかしいものだということ、職業差別的なこと、いろんなものが合わさっている。近代において、一方では性について語り、一方では性について隠すことについて、ミシェル・フーコーとかいろんな思想家の道具立てを用いて説明しようとするんだけど、残余の部分が大き過ぎて、説明しきれていない。私の考えが間違えているかもしれないけど、階級の切り口でマルクス主義的に切っていっても、ジェンダーで切っていっても、残余が出過ぎてしまうんですよ。

北原　日本人男性が、受け止めきれないということ？

佐藤　日本軍「慰安婦」の問題というのは、個別のイシューですよね。これを詰めていくと、どの切り口から説明しても説明しきれない。ジェンダーの問題について語っても、民族の問題について語っても、あるいは差別の問題について語っても、今までの道具立てだと全部、残余が出過ぎてしまって語れない。

だからポストモダンのときに一種の否定神学的な方向で、これでもないあれでもないというかたちでの残余を示そうとしたんだけど、それでは納得しきれない。やっぱり物語がいるんですよ。でもそれが構築できていない。

北原　たしかに。それを無理やり、ジェンダーかナショナリズムか、などという、これまである枠組みで語ろうとするようなことを、フェミニズム側もやってきてしまったんですよね。必要なのは、いま実際に被害者がいて目の前で喋っているんだから、とにかくその人の立場に立つしかないじゃないかと。生き残った彼女たちの言葉にただ、耳を傾けるしかないですよね。

佐藤　それはその通りだと思う。ただし、目の前で苦しんでいる人の立場に立つといっても一義的な答えは出ない。

北原　挺対協の話に戻るんですが、一九九〇年に被害者が名乗り出てくる前に挺対協は結成されるんです。当事者が名乗り出てくれることは、想定していなかった。ところが挺対協が当事者を探しているなかで、金学順さんが声をあげてくださった。このとき挺対協の人たちは、当事者の立ち場に立って考えればこそ、証言を求めることなどできないと考えたそうです。ところが、金学順さんは自分がこれまで生かされてきたのは、この証言をするためだったとお考えになってカメラの前に立ってくれて、それまで「軍の関与はない」などと言っていた日本政府も動かざるを得なくなった。金学順さんに続いて、女性たちが証言をはじめた。金学順さんのカミングアウトは、本当に大きな一歩だったんです。

誤解している人は多いんですが、韓国の世論も決して当事者や挺対協に優しいものではなかったといいます。「この売春婦が」「韓国の恥」というような声が韓国内からもあった。そのような声に対し、これは女性の人権の問題なのだと問題を定義し、国内の世論を喚起し、国際的な世論もつくっていったんですよね。驚くのは韓国が国連に加盟したのは一九九一年なんですが、挺対協はすぐに国連にこの問題を報告していること。最初から日韓政府だけでなく、国際世論に訴えているんですよ。

挺対協の運動をみていると、徹底的に被害者の女性の声を聞き、彼女たちの尊厳を取り戻すための運動を命がけでやっているのが伝わります。戦時の性暴力に対し、被害者の女性が声をあげ国家を訴えていくなんて、人類史上初の大革命ですよね。物語を自分たちでつくっていったんです。また、この運動の過程で、被害女性たちが米軍「慰安婦」や性暴力被害者や、様々な苦しみに耐えている人たちと出会い、被害女性たち自身が今度は、性暴力被害者を支援する側に回るといったことも起きてくるんです。そういう運動に対し、ナショナリズムに拘泥しているとか、日本人「慰安婦」問題が置き去りにされているとか、自由意志で行った慰安婦もいたとか、そのような批判は意味を持たないですよね。

佐藤 そう思います。

北原 植民地では日本人と一緒だと言われながらも朝鮮人は全然違う教育を受けていたし、特に女性についての扱いは日本と朝鮮とではまったく違う。そういうなかで、字を読めない女の人たちが「慰安婦」として連れて行かれた。

佐藤 内地臣民、外地臣民という区別があった。

北原 日本だとナショナリズム＝悪、みたいな調子で語ってしまうけれど、被植民地のナショナリズムと同じノリで批判できないですよね。ジェンダーだけで、乗り越えられる問題でもないし。

佐藤 ジェンダーの問題は、必ず何らかの複合差別になっているから、ジェンダーだけ純粋に取り出せるような差別事案はないんですよね。

北原　そうなんです。

佐藤　だから、個別事案においてどこで分節化するかが非常に重要になってくる。北原さんの問題意識を図式化すると、ほぼ同じくらいの比重で民族という分節化とジェンダーの分節化をしているわけですよね。双方が大切だと。だからどちらかの要素に偏るのはよくないし、それを無視することに対して違和感をもつというのは、ごくまともな感覚だと思う。

恐怖に共感するということ

北原　私が日本軍「慰安婦」の問題を追いかけているのは、二〇一二年、大阪市長だった橋下徹さんの「慰安婦は必要だった」発言をきっかけにはじめた取材で、愛国団体の特に女性たちが「慰安婦」を徹底的に攻撃する様を見たからです。でも、逮捕されてからは、より、自分の身体とつなげて考えさせられるようになってしまった。外から施錠されるって、超怖いじゃないですか。拘束されるとか自由がきかないとか、制限されたときにわかる実像って凄まじいです。私はたった三日間だったけど、何時間も黙ったまま、腰縄つけられて一〇人くらい縄でつながれて移送されたりした。いま思い出しても息が苦しくなります。私、釈放されたとき今動物園に行ったら動物の言葉がわかるんじゃないかって思ったくらい、拘束されているあの身体感覚は、もう拭えない傷になってしまった。

もちろん、たった三日間の拘束を、「慰安婦」と比べるなんてできない。ただ、『帝国の慰安婦』をはじめ、「慰安婦も悲惨なばかりではなく楽しい時間はあった、笑うこともあった」というように、悲惨なばかりではない、サバイバーとしての主体的で多様な「慰安婦」像を描こうとする動きがリベラルな言論人やフェミニスト側の発言として聞くと、胸がざわざわしちゃうんです。拘束されている自分のことを思い出すんです。そりゃあ人間ですもの、二四時間ずっと同じ精神状態ではいられないよね、って。私だって、手錠かけられてはいても、お昼になってコッペパンが出たら嬉しかったし、四畳半くらいのスペースに一〇人詰め込まれて目配せも禁止されるような環境でも、職員の目を盗むようにして隣の人と喋るのは面白かった。留置所で、同室の女性と色んな話してるときは声をあげて笑うこともあったよ、って。でも、檻のなかであることは変わらない。底辺の絶望レベルは変わらない。そういうなかで、一生懸命兵隊を慰安した女性もいた、軍人を愛した女性もいた、様々な女性がいたのだって、そりゃそうですよ、だから何だよって感じですよ。

佐藤　その通りです。

北原　宋神道《ソンシンド》さんという、元「慰安婦」の方で日本政府を告訴し、闘ってきた女性がいます。戦後すぐに日本軍人と共に日本に来て、日本に着いたとたん捨てられ、その後、貧しいなか生き抜いてきた。二〇一一年に宮城県で地震に被災され、今は東京で暮らしていらっしゃいます。彼女を四半世紀、支援し続けている梁澄子《ヤンチンジャ》さんから伺ったお話ですが、宋さんは、当時の様子を聞くと「流れてくる鉄砲にあたらないように生き抜いた」など、とにかく死なないように日々すごされたことをお話しされたそうなんですね。また生き抜くためには、日本語がわからないと話にならないと、必死に日本語を覚えたことをお話しになる。

ところが日本政府を相手にした裁判のときには、実際に自分がどんな目に遭ったのか、連れていかれた日に何をされたのか、弁護士が具体的に聞きだそうとする。すると、宋神道さんは絶対に口を開こうとしない。それでも弁護士が、事務的に聞きだそうとすると「勘弁してくれ」って泣かれたそうなんです。そのときの宋さんの話をする梁さんも涙ぐんでる。体験を語るということは、もう一度その話を思い出すってことなんですよ。話せないんですよね。だから、楽しかった思い出や、日本軍人との恋愛の風景など、自分にとって痛まない語り方をする方だって当然いる。そのような被害者の痛みや恐怖にどこまで共感できるか、尊重できるかが、今の日本社会に問われているように思います。

矛盾を矛盾のまま残す

佐藤　話が少し戻りますが、神学は女性に優しいという建前のもと「男女平等」とされているけど、リューサーやデイリーは、そのなかに埋め込まれている差別構造を問題にしていたんだということに気づかされます。差別の構造をあえて見ないというようなことがなされてしまうがゆえに一見、リベラルな雰囲気の集団のほうに、差別は潜り込んじゃうんですよ。

北原　ああ、すごくわかります。自分の事件を振り返れば、まさにリベラルな雰囲気の集団の差別や暴力に苦しめられました。なんていうのか、自分の言葉や記憶が、何か大きな力に盗まれていく感じがしたんです。女性が性を主体的にして楽しむためにつくった場や、女性器をどう捉えるかということも、大切に考えてきたフェミニズムも、反権力を旗印にした闘争に上澄みだけ持っていかれた感じがしています。そこに女性差別の問題など、本当にはない。女性器を表現するのがフェミニズムアートだといった調子でフェミニズムを男性が論じたり、女性への暴力表現を問わずに表現の自由を主張するようなリベラルな運動を前に、差別について語る難しさを感じています。だから今、そういう状況でフェミニスト神学がぴったりくるのは、自分では筋が通っているんです。

佐藤　フェミニスト神学は、闘い方が面白いですからね。

北原　面白いです。

佐藤　キリスト教は結局パウロ派が勝っちゃったから、女性の活動についてはほとんど聖書から削られてしまっているんですね。イエスは、ユダヤ教の戒律のもときわめて不利な状況におかれていた女性たちを救ったけれど、パウロはジェンダーについて守旧派そのものだった。だから、パウロが手をつけなかった残骸のなかから、どうジェンダーを読んでいくか。

北原　そうです。心のなかで今、パウロと闘っています。

佐藤　私はパウロが非常に好きなんですよ（笑）。

北原　そうなんですか⁉

佐藤　それはパウロが矛盾した人間だからです。そもそも聖書にしても矛盾だらけです。創世記ひとつを例に挙げても、はじめに神は「人間」をつくったことになっていたはずなのに、いつのまにか「男」をつくったことになっている。混在したテキストが入っていて、整合的に理解できないんだけれども、重要なのは編集者が整合させ「なかった」ことなんです。矛盾するテキストを持っているということは、後世に対して正直なわけ。矛盾するテキストを、たとえばアダムが男であった、男のあばら骨から女ができたという、あのテキストに整理したら、そうじゃない可能性を見ることができませんから。女性が人間として生まれたのか、それとも男から生まれたのか、というところは論理的には解読不能なんです。

北原　最初から矛盾に満ちていたのか（笑）。

佐藤　その意味では、矛盾したものを矛盾したまま混在させておく編集者の腕は大したものなんですよ。でも、神はこの矛盾に耐えろ、整理しちゃならんといったわけで、それが理解できたのは、四〇歳を超えてからでしたね。このときにパウロとの新たな出会いがありました。

北原　そうなんですね。

佐藤　もともと私は、自分の母親が沖縄人というアイデンティティがあって、彼女は戦争を経て絶対平和主義者になって、キリスト教プロテスタントの信者になったんだけど、隠れて靖国神社にも行ってました。自分の姉や、沖縄で戦死した日本兵とかが英霊としてそこにいると思っていたから。その矛盾に彼女は整理をつけないということを決めたのだと思います。

私の母は沖縄人で、日本軍の軍属になってしまったがゆえに、住民の側とは違う戦争を経験したんですね。弾が飛んでくると、そこで覆いかぶさってくれる日本兵がいたし、通訳兵が「アメリカ兵は女子供は殺さないから、いざとなったら捕虜になれ」と耳打ちしてくれたし、食糧で困ったことは一度もなかった。その経験がほんの少しでも違ったら、私の父のように嘉手納基地を作りにきた技師とは絶対に結婚しなかったと思います。でもそのことがギルティコンシャスとなって、一生背負い続けたんですね。洗礼を受けたことも周囲に告げず、ある時期から教会にも通わなくなり、まれにですが、周囲に隠れて靖国神社にも行っていた。だから、私の仕事は、母があえて矛盾のままにしていた事柄を言語で整理することです。それが高等教育を受けた者としての義務かなと思って。

北原　沖縄とキリスト教という、佐藤さんのアイデンティティがそこにあるんですね。

パウロを好きな理由

北原　佐藤さんの解説を読んでいたら、キリスト教へのイメージが変わったんですよ。神様は動的なものだと書いてあって、すごく腑に落ちた。動的なものだから、信者の方も常に対話して動いて己に問うていかないといけないのかと考えると、少しずつ信仰心が芽生える気がしました。

佐藤　人間には、他者に感化をあたえることができる人とできない人がいて、北原さんは前者だと思う。そういう人は気をつけておかないと、すぐ周囲に「女神」のような存在に祀られてしまう。ところが北原さんは、そんな女神のような疎外された形は嫌いだし、そこから脱構築していこうよと、常に動いていますよね。

北原 特に男が担ぐ神輿には、乗りたくないですよね。

佐藤 先のわいせつ事件で女神になっちゃうことだって、そう難しくなかったでしょう。

北原 どうでしょう。ただ、反権力運動の象徴になるのは避けたかったです。自分の意思で降りられなくなるし、闘いの方法も限られてくる。拳をあげて反権力をアピールしないと闘いではない、と思っている人に巻き込まれたくなかったです。

ところで、佐藤さんがパウロを好きな理由をもう少し伺ってもいいですか?

佐藤 少し回り道の説明になることをお許しください。キリスト教というのは、パウロ派が勝ったんですよね。さっきも言いましたが、パウロが広めた福音は、矛盾したものを矛盾したまま残しておくという編纂の仕方で、後に新約聖書に収録された。ところが一八世紀の終わりから、いわゆる文献学がものすごく進むんです。聖書をきちんと検証し、イエスとはどういう男だったか改めて調べて、イエス伝を明らかにしようという運動があった。その運動は結局、一世紀においてパレスチナにイエスという男がいたということが実証できなくて破綻するんですね。他方で、不在も証明できないから、蓋然性の問題になってきてしまう。そうすると、キリスト教はパウロという男がつくったドクトリンなんだ、ということになるんですね。であるならば、パウロ的なものを削ぎ落としたところに、純粋なキリスト教があるんではないかというのが、一九世紀の運動だったわけです。その運動の基礎にあったのは、理性だった。しかしその結果、何が起きたか。第一次世界大戦なんですよ。だから、私は理性と科学技術なんて、全然信頼できない。だから、錬金術師がいても、「STAP細胞はあります!」と言った小保方晴子さんのような人間が出てきても意外性がないし、全然驚かない。

北原　佐藤さんは、理性を信頼していない?

佐藤　究極的には信用してないですね。第一次世界大戦を引き起こしたような思想はダメなんです。ダメだからダメ。ああいった大規模な戦争を引き起こして、大量破壊兵器や毒ガスを用いて、原爆だってその延長線上にありますからね。組織的な戦時性暴力は、第一次世界大戦中のヨーロッパ規模で起きたわけですから。それで、日本も戦争がシステム化されていき、そのシステム化のなかで慰安所が出来た。そうすると、そういうシステムをつくり上げてきた根っこにはパウロのキリスト教ではなくて、合理主義と結婚したキリスト教があるということになる。

北原　なるほど。

佐藤　そこから抜け出そうとしたのがカール・バルトというスイスの神学者なんです。カール・バルトがもう一回パウロを読み直してみると、パウロにとって重要なのは人間が救われるということなのだと書いてあります。人間の生きている間の業績などはまったく関係がなく、ただ神の恩寵によって救われるしかないと。しかし、それは自己を放棄するということではなく、神に委ねた人間ほど自由に行動できるんだという。我々は神について語ることはできないんだけれども、語らないといけないという一種の弁証法で、それはどういうことなのかとバルトは思考を深めていく。

北原　バルトを通じて、パウロに魅力を感じたんですね。

佐藤　そうです。最初は、バルトにも魅せられたんですよ。ところがある程度調べていくと、ひどく女性関係に問題がある人なんだ。若い神学者や牧師は他人の魂に触れる機会が多いから、それを恋愛関係と勘違いすることがままある。バルトは典型的な勘違いタイプで、女性関係でトラブルを起こすたびに大学を移っていた。音楽家のネリーさんという女性と結婚して子どもも出来たけど、あるとき、シャルロッテ・キルシバウムという若い看護師の論文指導を頼まれたのを自分で書いておいて、彼女は才能があるからと家に連れてきて一緒に住むようになった。奥さんには「家庭のことはお前がやれ。知的なことは彼女とやる」と。キルシバウムとふたりだけの研究小屋をつくって、研究旅行には愛人を同伴するんだけど、ホームパーティーなんかは奥さんと一緒に行く。しかもキルシバウムには全然金を払わない。後年、愛人は脳疾患を患い、精神病院に入ってしまうんですよ。最後の数年は、人形遊びだけしていたらしい。

北原　最悪。

佐藤　そしたらバルトは作品を書けなくなった。要するに、彼の仕事は全部口述で、彼女との共同作品だった。

北原　本当に最悪。

佐藤　で、死後は奥さんと愛人と三人で一緒のお墓に入ってる。こういう人なんだ。その神学に共鳴するところがかなりあっても、個人的な行動で引いちゃうんですよ。対極にいるのが、ヨゼフ・ルクル・フロマートカというチェコのプロテスタント神学者で、私は彼を尊敬しているんです。

北原　さっきのようなバルト自身の行いを聞くと、彼が何を言っていたか聞きたくなくなります。

佐藤　どんな素晴らしい理論だって、神学者の生き方に問題があれば、理論自体にも問題があるはずです。パウル・ティリヒというこれも有名な神学者は、趣味がポルノ本の収集。次々と女子学生に襲いかかるのが趣味で、自分の妹にも強い性欲をもっていた。

北原　またも最悪じゃないですか。その人は何を言っているんですか。

佐藤　実存主義ですね。「存在のひび割れ」を強調した。神学で業績を残している学者たちには恐るべき私生活が潜んでいるという話なんだけど、神学も男権主義だからこれまで隠されてきた。

北原　神学じゃなくても、ほとんどの分野でそのようなことが起きてますよね。

佐藤　でも、特に人間の心に触れる仕事をしている人たちが、そういったいわば病理を抱えているというのはどういうふうに理解したらいいんだろう。キリスト教者は、人間は原罪をもっているからそういうものなんだと思うのか。神学を含む制度化されたものが信じられなくなりますよね。

日韓合意で捨てられたもの

北原　それで思い出すのは、これも高里鈴代さんから伺った「ウィメン・クロスＤＭＺ」という運動の始まりについてです。二〇一五年の五月に、一五ヶ国三〇名の女性たちが集まって三八度線を歩いて渡って朝鮮戦争を終わらせようと呼びかける試みで、ノーベル平和賞受賞者のマイレッド・マグワイヤ、レイマ・ボウィ、フェミニストのグロリア・スタイネムも参加したんです。

その運動のきっかけになったのが、在米韓国人のクリスティン・アンさんという人の夢なんです。彼女自身が巨大なイムジン川で溺れそうになったところに、目の前で川を渡ろうとする多くの人がいて、気がつくと、いつのまにかあたりに光が満ちている。光源を求めて川上に行くと、女たちが大きな臼を挽いていて、光はその臼から流れて出ていた白い粉だった……とそういう夢なんですが、そのとき、アンさんははっきりと「南北の平和を実現するのは女なんだ」と啓示を受けて、何年もかけて色んな人にこの夢の話をし続けるんです。スーザン・サランドン、アリス・ウォーカー、ロバート・レッドフォードらの著名人が支援を表明して、ついに二〇一五年北京に集合して平壌《ピョンヤン》に向かい、平壌の女たちと共に平和会議をしたと。

佐藤　すごく面白いですね。

北原　ロバート・レッドフォードやグロリア・スタイネムは、朝鮮戦争に徴兵された世代なんですね。結局、韓国側が許可を出さずに三八度線は歩いて渡れずバスで渡ったんですけど、啓示の力で物事が動いた、そこでしか動けないものがある、ということに意味を感じるんです。

佐藤　石臼のイメージは、とても強烈ですね。日本のお寺でもロシア正教会でも香を焚きますが、何かがずっと石臼から粉になって無限に出続けるイメージと重なる。新プラトン主義でいうところの「流出」みたいな感じもするし。

北原　そこに、力を入れて回していくイメージが加わって、現実の人間が動き出したんです。「ウィメン・クロスＤＭＺ」の女性たちは、ソウルでもシンポジウムを開いたんです。そこに脱北者の人たちがやってきて抗議集会をした。「南北統一と言うけれども、北朝鮮がどれだけ人道に反しているのかわかっているのか」と、シンポジウムの真ん中で立ち上がって抗議した脱北者の女性もいたそうなんです。高里さんのお話では、会場の誰もが進行の妨げになるから彼女には退出してもらった方がよいと思ったのではないかと。ところが、警備員が来るよりも前に、レイマ・ボウィさんが抗議者に走り寄って抱きしめて、「私たちはあなたの悲しみはわからない。わからないし、北のことも南のことも韓国の歴史のことも、本当は知っているとは言えない。でもだからこそ、ここから語り合おう」と言ったそうです。合理主義ではとてもじゃないけれど説明できないこと。だけど、人を動かし、歴史を変えていく物語があるんですよね。

女性たちの啓示の力

佐藤　「世界」誌上で松沢裕作さんと井手英策さんが社会の分断をなくすというテーマで共同論文を書いていたのを読みましたが、面白かったですね【＊1】。江戸時代に、人口減少が起きて、自助努力と自己責任を強いられた時代があったと。その時代に生まれた男が、石田梅岩や二宮尊徳ですね。一人一人が努力すれば絶対に成果があがり、女は家庭のなかで良き妻として働き子どもをつくればいいことがあるというふうに、努力を強いられる。でも、いくら経っても生活はよくならないし、旦那は女をつくっているかげんな生活をしているし、お義母さんは意地悪だし……と、そういうところである日、ある女性に神がかりが起きる。

北原　それが出口なお？

佐藤　そう！　大本《おおもと》の教祖の出口なおなんです。

北原　出口なおや、その後の天理教の中山みきもそうですね。

佐藤　彼女たちが出てくる前段に、大変な自助努力を強いて「家庭で頑張れ」という時代があって、頑張ってもどうしようもないし、異議申し立てもできない、というときに

※1　「世界」二〇一六年四月号「〈問題提起〉分断社会の原風景――「獣の世」としての日本」

何が起きるかといったら、神がかりなんですね。

北原　まさにこの時代がそうですよね。クリスティン・アンさんの話ともつながる。目の前の現実を生きるのがあまりにもきついと、啓示の力が起きるんですね。

佐藤　いま、そういう意味では、小説も女性作家たちの方が社会のテンションの高さを表現していますよね。村田沙耶香さんの『殺人出産』（二〇一四）とか窪美澄さんの『アカガミ』（二〇一六）とか、本人たちが意識しているかどうかは別として、あれは現政権の「産めよ増やせよ」政策に対する強烈な批判じゃないですか。柚木麻子さんの『伊藤くんA to E』（二〇一三）の「伊藤くん」なんかは、例の東大生が集団で女性暴行したような事件を起こしてもおかしくないし、本谷有希子さんも女性の違和感に敏感だし、少し前の角田光代さんの『八日目の蟬』（二〇〇七）もそうでしたね。あそこに出てくる男というのは、弱い男か、嘘つき男か、嫌な男かとにかく共感できる人が一人もいない。共感できたのは、主人公を匿ってくれた素麵屋の親爺くらいで。

北原　闘ってますよね、女性作家。なかでも笙野頼子さんの闘いには、圧倒されます。『二百回忌』（一九九四）もすごいし、『ひょうすべの国』（二〇一六）という最新作は、原発事故、TPP、ロリコン表現、女性差別といった日本の病理をあますところなく描いている。「NPOひょうげんがすべて」を略した「ひょうすべ」とか、「野党リベラルフェミニズム、手をつなごう男とだけ」略称「ヤリテ」というフェミニスト集団とか、もう、一つ一つの記号が秀逸で、そして一言でいまの問題を言い当てる。ぞわっとさせられます。

佐藤　『二百回忌』からは私も強い衝撃を受けました。ところで、出口なおの時代は、生きて行くのが辛いという異議申し立てを言葉や理屈で言わせないという無言の圧力があるから、啓示という形になって出てきた。いまは、方法のひとつとして、文学の力で、これはフィクションなんだからということで抜け出すことができる。でも、それをやれてるのは女性作家ばかりなんですよね。女性が気づくことに男が気づかないという限界がある。男性作家が書いたものだと、百田尚樹の『カエルの楽園』（二〇一六）みたいなグロテクスな作品になる。読みました？

北原　読んでないです。

佐藤　ツチガエルの国が日本で、ウシガエルが中国で、鷲がアメリカ。最後は戦時性暴力みたいな話になってくるんですよ。平和だけを信じていた女性が手足をもぎとられたり酷い目に遭う。

北原　……たぶんこれからも読まないと思います。

外交からみた日本軍「慰安婦」問題とは

北原　ここ何年か、元日本軍「慰安婦」の支援者の方々と語り合う機会を得て、日本軍「慰安婦」を「問題」にして声をあげてきた運動の意味を考えさせられてきました。その運動は、もちろん支援者だけで行ってきたものではありません。当事者自身が、声をあげ闘う過程で、女性人権運動家になっていった四半世紀だったと思います。彼女たちが求めてきたのは、一貫して、加害者の真摯な謝罪と、賠償。そして絶対に今後繰り返さないという日本社会での教育です。

そのように闘ってきた当事者の声を無視したこの間の「慰安婦」問題に関する日韓合意【*1】ですが、日本のリベラルなメディアが合意を好意的に報道し、日韓の和解を妨げる存在として、支援団体を批判する調子に呆れます。

佐藤さんは、日本軍「慰安婦」問題にたいして河野談話【＊2】が出された一九九三年には、外交官として霞ヶ関にいらっしゃいましたよね。あの談話は、官僚にはどういう認識で受け止められたんでしょうか。

佐藤　外務省のアジア地域政策課（当時）というところが、アジア全域にわたる問題を担当する課です。そのひとつが「慰安婦」問題ですが、朝鮮半島を担当する北東アジア課とか、中国、台湾を担当する中国課（当時）といった地域課には馴染まない問題を取り扱っていたんですよ。後日、歴史学者の和田春樹さんに聞いた話によれば、和田さんは当時、担当の事務官から「私は慰安婦の問題にきちんと向き合って、自分の良心に従った仕事をしたい」という手紙をもらったと。河野談話をつくろうとした外務省の人た

※1　二〇一五年一二月日韓外相会談で結ばれた、日本軍の従軍慰安婦問題を「最終かつ不可逆的に決着させる」と表明された合意。日本政府はおわびと反省の気持ちを表明し、元慰安婦の支援団体に一〇億円を拠出するとした。

※2　河野洋平内閣官房長官（当時）が発表した談話。慰安所の運営に旧日本軍が直接もしくは間接に関与したとし、慰安婦の強制性を認めた。

ちは、どうしても限界はあるにせよ、できる範囲で一生懸命やっていたと思います。

北原　その「河野談話」を否定するような発言を、安倍さんは繰り返ししてきた。そして、「慰安婦」の記述は教科書から消えて、忘れる方向に向かっている。いかにもアメリカから圧力を受けたので、形式的に手を打って、もう二度と韓国に「慰安婦」問題を言わせない、というような傲慢な「合意」にみえます。

少し前、韓国で「慰安婦」問題に関するシンポジウムがあったんです。そのなかで、日本政府と謝罪、をテーマにした講義がありました。水俣病、薬害エイズ、ハンセン病のケースで日本政府がどう国民に向き合い、どのように「謝罪」してきたかについての講義で、「謝罪」と「権力」という新しい視点で考えさせられました。

佐藤　夏目漱石の『坊っちゃん』の中に、「日本人はなぜすぐに謝るのか。それはほんとうは悪いと思っておらず、謝れば許してもらえると甘えているからだ」というくだりがあります。

北原　でも、日本人は朝鮮人に対しては謝らないですよね。

佐藤　そう、朝鮮人には謝らない。沖縄人にも謝らないし、アイヌ人にも謝らない。

北原　日本人が「日本人はすぐ謝る」と思っていても、他から見るとその謝罪は、「すぐに水に流してほしいと思ってるな」としか感じないレベルですよね。

佐藤　そもそも「水に流す」という発想自体が、キリスト教文化圏にはありません。韓国にもないでしょう？

北原　韓国は「絶対に忘れない」です。

佐藤　キリスト教文化圏では「水に流す」という発想は絶対にありえなくて、「忘れないし、許さない」か、「忘れないけれども、許してやる」か、どっちかです。

北原　忘れないけども許すというのが、本当の「和解」ですよね。

佐藤　そうです、それが和解です。ナチスの戦時犯罪をめぐって、ユダヤ人、ポーランド人はドイツ人と和解しても絶対に忘れない。

北原　忘れないけど許すということを、日本軍「慰安婦」の被害者は求めてきたと思うんです。

佐藤　和解は双方向的な行為だけど、謝罪は一方的な行為ですからね。謝罪をしても受け入れてもらえるかどうかはわからないんですよ。

北原　受け入れる側が決めることですよね。

佐藤　その通りです。だから、世界において「この謝罪をあなたは受け入れてくれるよね？　これを受け入れてくれるんだから、この先は大丈夫だよね？」という形は、謝罪じゃないんです。

北原　ましてや「少女像をどかしてね」など、被害者側にも要求をつきつける。日韓合意と称して安倍政権がやったのは一体何なんだと思いますか？

佐藤　あれは時間稼ぎ。

北原　当事者たちが亡くなるまでの？

佐藤　いや、もう少し単純な話だと思いますよ。韓国は大統領の任期が五年で、保守政権と左翼政権が一定の期間で入れ替わる。いまの朴槿恵の保守政権の次に左翼政権になったら、今回の合意はすべて反古となって歴史認識はやり直しになる。それを日本政府はもちろんわかっているんだけど、安倍政権としては朴槿恵政権の間にとりあえずのものを取らないといけない。そのための道具としての日韓合意で、賞味期限は次の大統領選挙まで。

もうひとつ、朴槿恵政権は中国に接近するという選択をしたが、中国も相当にタチが悪くて限界がある。だから日本との関係を立て直そうとするなかで、こちらも賞味期限二年くらいで何かできると思った。それ以上でも以下でもないと思います。

北原 じゃあ、謝罪はどこに向かうんでしょうか。私、この間、韓国で行われた「アジア連帯会議」という日本軍「慰安婦」当事者と支援者が集まる会議に参加させてもらったんです。今回は日韓「合意」後、初の会議ということで、私は日本政府に対する批判が噴出すると思っていたんです。ところが、意外だったのは、フィリピンの支援者が韓国政府に対する怒りをぶちまけたんです。韓国政府が希望だったのにと。自分たちの政府は日本政府に強くものを言えず、「慰安婦」問題で日本を追及することができなかった。そのなかで韓国政府はこれまで当事者に向き合い、日本政府と交渉し、闘う姿勢をみせてきた。それがこんなことになったら、何を希望にしていいかわからないと、当事者や支援者たちの絶望の深さを目の当たりにしました。

政治の世界、男性の世界で日本軍「慰安婦」問題が政治に利用されていくなか、どんどん忘れ去られていく自分たちに希望が持てなくなってしまっている。

佐藤　特に外交をやる連中というのは外交というゲームをやっているわけです。今回、日韓合意の中心にいたのは、今度外務省次官になった杉山晋輔さんですよね。鈴木宗男さんが二〇〇一年頃に中央アジアに行くので韓国を経由したとき、私も一緒にいたんだけど、杉山さんは鈴木さんを乗り継ぎの二時間ちょっとくらいで空港の近所の焼肉屋に連れて行くんですよ。当時は国際便の乗り入れは仁川《インチョン》空港じゃなくて金浦《キンポ》空港だったんだけど、杉山さんは入国手続きをしない。鈴木さんが「あんた、大丈夫なのか」と聞いても、「大丈夫です。ここはもともと我々が統治してたんだから」と。焼肉屋でも鈴木さんが「韓国はどうだ？」と政治の話を訊くと、杉山さんは「韓国の美人の家庭教師を雇ってた」と答える。昼はその家庭教師で勉強して、夜はナイトクラブに行ってる、充実した仕事をしてると、ずっと女性の話しかしていませんでしたね。最後に鈴木さんから小遣いで一〇〇〇ドルもらっていましたよ。

北原　そういう感覚で外交をやっているんですね。その話は、書いてもいいんですか？

佐藤　構わないです。こういう人が外務省のトップ（事務次官）にいるわけです。日韓合意はそういう人がつくっている。

北原　だとしても、韓国があんな合意を受け入れる理由がわからないです。

佐藤　韓国はいま、日本との関係が相対的に弱いから。弱いから押しつけられたんです。

北原　でも次の大統領選挙で反対の声が大きくなれば、あの合意は無効になりますよね。結局、自分の首を絞めてることになるじゃないですか。

佐藤　しかし、それ以外のチョイスはなかったわけでしょう。

北原　でも当事者も市民団体も、この合意に対する批判の声を高めていくと思います。

佐藤　心から謝ろうとしない人間たちを謝らせるというのは、非常に大変なことなんですよね。本当の意味でやらないといけないのは教育、感化なんです。和田春樹さんも最初のうちは国賊と言われていたし、アジア女性基金に関しては、左からも右からもきわめて激しい批判があったわけじゃないですか。それでも和田さんが勇気をもってやったことには、たぶん何かの意味があった。それによって初めておそらく政府側との回路がつながったと思うんですよ。

外務省のなかには、今は皆大きな声は出せないけど、本当に心から謝罪しないといけないと思ってる人たちはいますよ。

北原　そうでしょうね。現場で働く一人一人はきっとその場で誠意を持って働いているのだと思います。韓国の外務省の人たちも、元「慰安婦」として記録されている存命の四四人のうち一四人、一人一人に会いに行って、「今回の合意でこういうことになりました」と説明したんですよね。頭を下げて、政府が決めたことです、と。その人たちがどういう思いで、被害者の家に向かったのかはわからない。でも、もう喋れる人は少なく、当事者の意志をどれだけ確認できたのかはわからない状況です。それに外務省の人が手土産を持っていって頭を下げたら、家族も「わかりました」と言うしかないですよね。現場には現場の空気や力が働くと思います。

でも、それをもって、日本のメディアは「慰安婦の人たちは合意に賛成しています。反対している人は少人数ですよ」と報道する。ほとんどの人たちは終わらせたがっているんですよ、という空気にしているように感じるんですよ。

佐藤　現場の記者ほど権力にすり寄るんですよ。従軍記者と同じ目線になっているんじゃないですか。

北原　そうかも。だから政府に反対する人たちの声が、ノイズにされちゃっているんでしょうね。

佐藤　いや、拡散してわけがわからなくなるからノイズになるんであって、少人数であれ、常にメッセージとしてメンテナンスする人がいれば、それはノイズではなくメッセージとして残りますよ。

北原　ただ、韓国政府に対し働きかけてきた支援団体も、今回のことで「反政府」運動になってしまったんですよね。今年、三・一の独立運動記念日にソウルに行ったんですが、この日って、街の色んなところでデモが起きてるんです。そこで北朝鮮に対する抗議デモには警察がほとんどついていないのに、「慰安婦」問題のデモの学生たちの周りには、警察がべたっとたくさんいる。監視の目が厳しくなってきている。大きな力の前に、自分たちの声が排除されるような孤立感を味わっているんです。

次の大統領選で、今度は左派政権が成立すれば逆転するんでしょうけど、いま日本で合意反対だという声も大きくならず、メディアも何もしてない現状が、そのときどう響くんでしょうか。

佐藤　今回の日韓合意で、日本の保守派だけでなく、安倍さんに共感する外国の親日派は、喜んだわけですよ。これで韓国側に責任をもって組織をつくらせるから、韓国政府に責任を転嫁することができる。

北原 すごい卑怯ですよね。この卑怯さは日本人的なんですか？ それとも外交的手腕と評価されることなんでしょうか。

佐藤 いや、外交官はそんなものです。

北原 はぁ……。

佐藤 国家というものは本質的に暴力性をもっていて、その暴力性は男権的なものと結びついていますから。国家が人権問題に共感しているような姿勢をとっているときは、ダブルスタンダードなんですよ。

誰が誰に何を語るのか

北原 今の日本で、売春に関わっている人や、レイプなどの性被害にあった人が声を上げられないという問題とも直結していると思うんですけど、日本軍「慰安婦」問題で、元「慰安婦」たちが声を上げられないのは、その告白を受け取る側が存在しないからということですよね。

佐藤　告白手記の原型はアウグスティヌスが書いた自伝だと思うんだけど、何かを告白するという行為には本来、告白し終えたときに救済が待っていることがパッケージになっている。つまり、告白には、告白する具体的な相手が必要なんです。具体的な「この人に対して告白している」という対象がいないと成り立たない。

北原　その通りだと思います。

佐藤　大事なのは、告白される側に、上から目線ではなく、フラットに告白を受け入れる能力があるかどうか。元日本軍「慰安婦」の話を戦時の性暴力という限られた局面に実態をずらしてしまわず、ごく普通の家庭に潜んでいるような性的暴力や、ジェンダー的な無理解の問題として受け取れるかどうか。

北原　これまで日本軍「慰安婦」の証言集は朝鮮人のものが六冊、中国人のものが二冊出ています。残念ながら日本語で読めるものは、今の時点で一冊しかありません【＊1】。証言の聞き取りに関わった山下英愛さんのお話によれば、聞き取った言葉をどのように記述するかについて、毎回、聞き手側に葛藤があり、議論が行われたそうです。話言葉をそのまま記すか、きれいに書き言葉にまとめるか、時間軸など整理してある程度編集するべきかなど。

佐藤　編集機能は必要かどうかという葛藤ですね。

北原　そうです。どの形が完璧か、ということは誰にもわからない。証言集は、だから毎回違う記述方法になっているそうなんです。

佐藤　それはまた難しい話です。一回性の重要さというものもありますからね。二回、三回とリビューしていくうちに自己検閲と自己検証がおこなわれて、物語が変容していく。

北原　そうなんです。その矛盾を突いて、ネトウヨの人たちが「慰安婦は嘘をついている」ということもある。

佐藤　元日本軍「慰安婦」たちの告白を考える際には、告白の脱構築が必要なんじゃないか。というのは、一定の時間のなかで慰安婦が兵士と交わっているときは、まったく言葉がない性的な関係だけじゃなくて、その関係において、自分自身の過去の歴史なり、そこに来るまでの自分の物語なりを「告白」していると思うんですよ。

北原　兵士たちとの対話がどう関係します？

佐藤　少し話が飛びますが、アダルトビデオは新人女優に必ずビデオのなかで長時間の告白をさせますよね。告白をさせて、偽の履歴と自発性を確認させて物語をつくるわけでしょう。その物語を語らせることが自縄自縛になるから、彼女たちをいま置かれている状況に留める。アダルトビデオの売春世界に来ていることが正しいのだと、自分の言葉によって語らせるわけですよね。

北原　ビデオのなかでの語りは演技ではないんですか？

佐藤　演技なんだけど、ある種の本当の部分を含めて語らせることでその世界に留めるという、悪質で巧みな仕掛けだと思う。

北原　男性のファンタジーの尺に合わせて、振り当てられたセリフのようなものだと思っていました。

※1（151ページ）　韓国挺身隊問題対策協議会・挺身隊研究会・編『証言：強制連行された朝鮮人軍慰安婦たち』

佐藤　基本構造はおっしゃる通りです。監督たちに言われてつくられるんだけど、それが個人とまったく関係ないものではなくて、どこか本人と重なるところがあるんじゃないですか。そういう人格で自分を語ってしまった女性たちは、そこからの脱構築はすごく難しいんだと思う。人から内発的に何か出てくるものを押さえ込んで、外部の人間が無理やりに語らせるというのは、すごく深刻な話だと思う。

北原　日本軍「慰安婦」の証言にも、同じことがいえると。

佐藤　そうです。日本軍「慰安婦」と兵士の関係がセックスだけだったと強調される傾向がある一方で、他方においては、『帝国の慰安婦』で書かれたように、そのなかでも恋愛のような関係性があったのだと言われるわけですよね。元日本軍「慰安婦」の人にとって、当時の兵士との何らかのコミュニケーションにおいてそこで語った物語があるとして、それを自分で全否定、脱構築するのはすごく大変だと思う。

北原　証言集には、もちろん色々な女性の様々な語りがあるんです。日本軍の男性を好きになった女性もいるし、結婚した女性もいるし、とてもいい将校がいて彼が来るのを楽しみにしていたという女性もいる。

佐藤　でもその将校が本当にいい将校だったかどうかはまったくわからなくて、その元日本軍「慰安婦」の女性が、彼はとてもいい将校だったと思わなければやってられなかったんだということではないか。彼女たちの証言には、そういう物語の要素がとても多いと思う。読み手の側で、そこへの想像力が及ぶかどうかですよね。

北原　そうですね、誰がどのようにお話を伺い、どのように記述していったか。そこまで注意深く読んで、初めて「慰安婦」の証言の意味を理解できるのだと思います。だからこそ、当事者の話を聞き取る側は、非常に注意深く、毎回葛藤しながら記述していったと思うんですよね。また同じ人であっても、全く同じ話を毎回できるわけではない。また、語れば語るほど、記憶が固定していくこともある。そういう複雑な背景を踏まえないで、彼女たちの言葉を表面的に切り取っただけで「慰安婦」の多様性を浮かび上がらせてはいけないんです。

究極の男女平等とは……？

北原　日本の歴史のなかでの男の性文化を読み解いていくと、今の日本の性売買の現実や、女性への性暴力の問題が、より理解できますね。

佐藤　逆説的なんだけど、今まで知ったなかで、そういったジェンダー的な偏見がなくて仕事が成り立っている場所はイスラエル軍でした。

北原　女性にも徴兵がある。

佐藤　イスラエルの夫婦喧嘩ってすごいんですよ。夫が鎖骨を折られたり、顎を折られたりすることもある。女性も徴兵されたときに、人を殺すための訓練を受けていますからね。

北原　イスラエルの軍隊が、ジェンダー的に平等な社会?

佐藤　国家のために命を賭して戦うという点ではジェンダーの差なく平等という建前です。だから、イスラエルの軍隊は、ジェンダー的なトラブルに対してそうとう敏感だし、センサーシステムが整ってますよね。大統領だってセクハラで収監されているんですよ。日本はパレスチナからしか中東を見ないから、イスラエルというのは完全な空白点になっています。

北原　イスラエルの女性に兵役が課せられてるのっていつからですか?　フェミニズム

と関係ないですよね？

佐藤　建国の当初からです。昇進における男女差別がまったくない。

北原　それが真の男女平等だとしたら地獄だな。

佐藤　平等に死ぬ権利ですからね。暴力とか何とかは、国によってだいぶ違います。ソビエト時代にソ連に行ったときに私が驚いたのは、社会主義体制であるにもかかわらず、とにかく日常生活で女性の負担が多いことと、女が男を殴ること。そして、よく離婚する。ソ連の男女は、だいたい三回は離婚するのが普通でした。現在のロシアも大きな変化はありません。

北原　日本はシングルマザーが貧困に陥りやすいので、離婚は重たい決断ですよね。

佐藤　その点ではソ連社会は非常に優れていて、経済的な力がまったく男女で対等だから。だから、女が殴られたりすると、それは即離婚なんです。

北原　職種も同じ？　スーパーのレジ打ちはもっぱら女の人がやってるとか、そういうことはない？

佐藤　レジというか、会計係は女性が多かったです。そもそもソ連には、スーパーがあまりなかった（笑）。ブルドーザや重機の運転手とか、長距離電車の運転手とかは、女性が非常に多かったですね。

北原　なぜですか？

佐藤　第二次世界大戦中に夫や父親たちがみんな死んじゃったから、女性にそういった運転手仕事を割り当てて、それ以降、なんとなく女性の仕事になっていった。

北原　条件は日本も同じなのに、なんでそうならなかったんだろう。

佐藤　死んだ人の数が違いますよ。日本は三〇〇万人で、ソ連は三〇〇〇万人ですから。

北原　ソ連軍は、女性兵士もいましたよね。

佐藤　ただし、最前線に女性は投入してないから。そういう意味では、イスラエルとは違う。

北原　でも、女性が求めてるのは、国家のために闘って一緒に死ぬ平等じゃないのに。

佐藤　軍隊化した社会において、殺して死ぬ平等の権利だからね。

北原　軍隊化を避けるのがフェミニズムだと思う。

矯風会が戦った相手

北原　どうしても不思議で、考えているといつも私がつまずくのは、皆、国家というものは自然発生的に戦争と暴力を避けられないものだというふうにどこかで思っていることです。それと、戦争は皆が被害者になるのだから、「慰安婦」だけが声を上げて被害を訴えるなんてずるい、という声があることです。

佐藤　「ずるい」というのは、完全に話のすり替えですよね。田辺元という思想家がいまして、「歴史的現実」という講演を一九四〇年に京都大学でやって、本は大ベストセラーになる。そこで言われたのは、今は総力戦の三次元の戦争になった。銃後、すなわち前線ではなく平和な状況にいる我々も空襲によっていつやられるかわからない。前線に出ていく皆さんと同じなんですという趣旨だった。これは絶対に違いますよね。前線に出ていく人間と、その背後にいる人ではリスクが違う。戦争による被害の密度や濃度が違うわけだから。そこを曖昧にしてごまかす言説ですよ。特に、従軍「慰安婦」たちは、ジュネーブ条約で守られるような、制服を着た戦闘員とは違う形で、商業施設という名目で、軍属でもないきわめて曖昧な形で連れて来られたわけでしょう。

北原　そうなんですよね。歴史教育をおろそかにしてきたツケがものすごくきています。

佐藤　同時に、日本軍「慰安婦」には、日本人の特に九州出身者も多かったことはあまり語られませんね。それに、「琉球慰安婦」、この問題には絶対に焦点を当てようとしない。そこは見たくないということですよね。韓国の日本軍「慰安婦」問題だけは浮き出しちゃってるんだけど、全体的な構造の問題のなかで、韓国との関係、朝鮮半島との関係においては、やっぱり日本が朝鮮を植民地化していたということの問題、それと構造化された差別の問題は無視できない。しかもそのなかでジェンダーという意味で女性に負担がいっているというのは、まぎれもない客観的な事実でしょう。客観的な事実をイデオロギーは見ようとしないんです。

北原　日本が植民地支配をしはじめたときに、まず朝鮮半島に輸出したのが、神社と遊郭ですよね。ヨーロッパ並みの近代国家を目指す過程で、前近代的な遊郭をそのまま国家戦略として利用し、運営していた。

私はこの頃、日本キリスト教婦人矯風会【＊1】の人たちにお話を伺う機会があったんですが、米国の禁酒運動団体であった婦人矯風会を組織したのは、矢嶋楫子さんという徳富蘇峰と蘆花の叔母さんなんです。彼女は九州・熊本の出身で、酒乱の夫からも凄まじいDVを受けたんです。刀抜かれたり、失明寸前になるほどの暴力を受け続けて、三〇代後半で離縁して上京し、猛勉強の末に女子教育に尽力して、女子学院の校長になる。親友が、NHKの朝ドラで有名になった、日本女子大学創設者の広岡浅子さん。広岡浅子は矯風会のメンバーにこそならなかったけれど、多額の寄付をしてくれたそうなんです。矢嶋さんたちが最初に始めたのは、アメリカの本部同様プロテスタントによる禁酒会だったのですが、会の名前を「東京婦人矯風会」とした理由は、日本においてはアルコールだけが問題なのではなく、もっと広く女性が置かれている差別的な状況だと。この風潮を正すためにも「禁酒会」ではなく風潮を矯正するという思いを込めて「矯風会」とする、と名づけた歴史があるそうです。その後、妾制度の廃止や、廃娼運動に尽

※1　一八七〇年代アメリカで発足された禁酒運動婦人団体の日本支部として、一八八六年に組織。以後、公娼制度の廃止運動、婦人参政権獲得運動に尽力した。

力していく。特に、当時、妾制度の廃止は天皇制批判にもつながるから命がけの運動だったそうです。公娼制度も、そう。男たちにとっては、空気のように当たり前にある性売買システム。これを廃止させる女性運動を始めるんですよね。

佐藤　登楼したり、逃げてきた女性を匿ったり、そういう形で運動をやったんですよね。

北原　日本で最初のフェミニスト団体って、平塚らいてうさんたちの「青鞜」と言われているし、現代のフェミニストたちからは、一夫一婦制の近代家族を理想とした矯風会は批判されてきたんですよね。それでも、女性が娼妓として親に売られたり、親が結婚相手を決めたり、結婚すればしたで夫は妾を自由に持ち、どんなにDVを受けても自分からは離婚できないような時代に、一夫一婦制の結婚が当時の女性にとってはどれほど得がたく尊い価値だったのかを考えると、現代の価値で矯風会を批判するのは無意味ですよね。しかも、女が社会活動することなど考えられなかった時代に、同じクリスチャンの男性たちからも「狂風会」だとか揶揄されながらも、男性社会に対し性の問題の告発をずっとしてきた。

佐藤　矯風会は青鞜のようなインテリというよりも、もう少し地面を這って運動していますよね。矯風会の母体となった人たちは、おそらく薩長土肥体制に反発していた人たちでしょう。要するに、明治のなかでエスタブリッシュされた世界にはいなかった人たちがやっていた。熊本も、九州のなかでは中央から少し外れています。

北原 たしかにそうですね。その構図と関係するかどうかわかりませんが、当時、女たちが性に対して声を上げていくということは、命がけなんですよね。殺されてもしょうがないという思いで、妾制度をやめてくださいと訴えていた。

佐藤 その時代の日本には、姦通罪があるわけですよね。ただし、妻のある男が他の独身女性と通じても、男のほうは罰せられない。キリスト教のなかでは、イエスは「汝、姦淫することなかれ」に対して「と書いてあるが」と言い、「しかしそれは心の中で」とした。「女性を見てやましい心を持った人間も、姦淫したのと同じ不貞となる」と教えたんですね。

イエスの時代の姦通罪も、男に対して圧倒的に有利な姦淫規定なんですよ。姦淫というのは、男の側からすると人妻と関係をもつことだけが死罪に値する罪なのであって、それ以外の異教徒や、未婚の女性との関係はまったく不問に付されている。実質においいては、女性の権利を非常に侵害している。そういう人を人とも思わないという状況を、イエスは罪としたんですね。

北原　明治時代の矢嶋さんたちのような女性にとっては、聖書のキリストのその言葉がどれだけ響いたことか。

佐藤　イエスがいた当時の文脈においても画期的なことで、だから、イエスが捕まったときに男たちは皆逃げちゃったんだけど、女性たちはそばから離れなかった。

北原　日本の女子教育に、どれだけキリスト教が影響しているのかが、それがどのような文脈で女たちに届いたのかが、矢嶋さんたちの活動をみていると伝わってきます。

女性が国家に利用されるとき

北原　興味深かったのは、日露戦争がはじまって、最初に「慰問袋」と呼ばれるものをつくったのが、矢嶋さんたちの矯風会だったこと。戦地に向かう兵士たちに聖書を入れた袋を配ったのだそうです。与謝野晶子にものすごく批判されて、その後、矢嶋さんは最後は平和主義になっていくのですが。

佐藤　矯風会の文脈を考えると、婦人参政権運動を展開した市川房枝さんもおもしろい。それこそ国防婦人会的であり。

北原　市川房枝さんを育てたのも、矢嶋さんですからね。日本女子大をつくった広岡浅子と共にこれからは女子教育だ、と頑張ってきたけれど、後年になって「これからの女は政治に参加しなければ」と、市川さんを育てるんです。女にとっての明治維新って何だったのか、国家にどのように女が関わってきたのか、矯風会が生まれたときの女性運動、その背後にあるキリスト教、そしてその先の市川房枝の系譜、その運動の歴史を改めてフェミニズム史で考えてみる必要があるな、と思います。そこには、女たちが性を巡り国家と闘ってきた歴史と、また国家に利用されてしまった歴史があるから。

一九五六年に売春防止法が制定されたとき、矯風会の人たちは皆泣いたんですって。廃娼運動をはじめてから、七〇年間ですよ。その法律をつくるのに闘ってきた女たちの歴史があるわけです。だから、「慰安婦」問題も、日本の公娼制度からの流れでしっかり見ていかなければいけない。「当時は公娼制度は合法だった」とか、「今の人権の価値観で過去の悲惨を裁いてはいけない」というような言い方はわかりやすいですが、当時も公娼制度の悲惨さに声をあげ、闘ってきた女たちはいたんです。

佐藤　そう、そこには、いくつかの錯綜した問題がありますね。ひとつは、日韓の植民地関係という問題。もしかしたら別に、階級的な問題もあるのかもしれない。あるいは格差の問題、貧困者の問題があるかもしれない。

この文脈では、じゃあなんで男娼みたいなものが制度化されなかったかということですよね。公娼制度という形で、なんで女性の売春が制度化されたのか。一回制度化されると自然なことになっちゃうから、恐いわけです。自然なことを破壊しようとすれば、秩序の破壊者になってしまう。だから男が妾をつくるのは自然なことになった。それに対して既婚の女性が誰か男性と関係をもつということは、秩序を破壊する許されざる者であり、刑事犯罪である、と。そういう制度、姦通罪が成立する国においては、それが当たり前ととられちゃうわけだよね。公娼制度ができていくにあたり、「ちょっと遊びに行くわ」という感じで行くことが普通に思われる。

北原　売春防止法にいちばん反対したのは警察なんですよね。秩序が乱れるという理由です。あと日本の男性の文化人たちが、これで日本の文化が壊れると大反対しています。

佐藤　文化の議論が出るときには、注意しなきゃいけない。あの人たちが語っている「文化」には、そもそもそこに暴力性が含まれている場合がありますから。

北原　広岡浅子さんだって、自分は女の子を一人しか産めなかったし仕事をしたいと、夫に別の女性をあてがうようにして跡取りになる子を産んでもらったわけですよね。ドラマでは広岡浅子自身が妾を夫に与えた事実は描かれず、夫が亡くなったところでドラマも終わってしまいましたけど、実際は、夫の死後、広岡さんにはクリスチャンとしての人生が始まるわけです。想像ですけど、実際には妾制度に苦しんでいたんじゃないでしょうか。そうでなければ、クリスチャンになって、矯風会の妾制度反対運動を支えたりするでしょうか。そして矯風会に彼女は多大な寄付をするのですが、メンバーにはならない。それは何故なのか。そんなことを考えさせられるんです。

佐藤　しかし、NHKが原案にしたのは、潮文庫から出ている伝記本ですよね【＊1】。あれは、池田大作SGI（創価学会員インターナショナル）会長の励ましによって書かれ

※1　文庫版『小説 土佐堀川 広岡浅子の生涯』

た作品です。

北原　なるほど〜、そんなふうに見ることもできるんですね〜。

佐藤　大河ドラマの『花燃ゆ』（二〇一五）は、安倍さんの故郷である山口を舞台にして、広岡浅子を扱うドラマでは創価学会に配慮する。東日本大震災があったあとの大河ドラマは、福島を舞台にして『八重の桜』（二〇一三）と……。NHKは政治的なドラマが常に強い。そこでも女性たちの人生が利用されているとも言える。

北原　いったい何の政治力が働いてるんでしょう。今の朝ドラは、「暮しの手帖」を創刊した大橋鎮子さんがモデルの『とと姉ちゃん』ですね。ただ、女性の権利を主張する登場人物に対する眼差しなど、けっこう冷たいんです。

佐藤　そういうのは、気持ち悪いですね。

何が真のアナーキーか

北原　私には、たとえば九〇年代に援助交際が社会的問題になったり、セックスワーカーの権利が言われだしたりしたときの矯風会のイメージは、あまりよくなかったんです。

エスタブリッシュなおばさまたちの運動で、保護の視線で女性たちを見ていて、女性の主体性をむしろ奪っている保守的な団体、という認識があった。でも今見ると、矯風会のアナーキーさが際立って見える。

佐藤　両方間違ってないですよ。同時代で知っている矯風会は、そういう意味では保護的観点での、要は上から目線の、比較的経済的に豊かな年配者たちの運動でしたから。

北原　確かにそうなんですけども、そのイメージのまま二〇一〇年代になってハッと気づいたときには、日本のセックスワークの運動やポルノの状況はまったく改善せず、九〇年代から何も問題が解決しないまま、女性の自己決定ということだけが謳われていたんです。その自己決定も、売るか売らないか、という意味においての自己決定。

佐藤　女性の自己決定と言われる場合の「自己決定」というのは、そのときの文化拘束性なのか、あるいはそのときの周囲の影響を受けているのかで変わってきますし、実は自己決定というのはそんなに簡単な問題じゃない。

北原　そうなんですよ。

佐藤　それこそ、九〇年代にブルセラショップに行く女の子は頭がいいとか言ったお兄さんがいたよね。

北原　宮台さんのことですね。

佐藤　自己決定論において宮台さんが与えた影響は、すごく大きいですよ。

北原　そうですね。自己決定論を持ち出されると、日本軍「慰安婦」だって援助交際だって、お金をもらってるんだからいいだろう、自分で決めてるんだからいいだろう、とそこで議論が切られてしまう。

佐藤　次回は、性と自己決定の話をしましょう。

第三章

性の売買を強いる国、ニッポン

「セックスワーク」という言葉が隠すもの

北原　二〇一四年に韓国で、元米軍「慰安婦」の女性たち一二二人が韓国政府を訴えましたよね。一九七〇年代の朴正熙《パクチョンヒ》時代に、外貨を稼ぐための国策として女性たちが韓国政府によって在韓米軍の「慰安婦」として集められた。彼女たちは「愛国者」と呼ばれ、徹底的な性病管理のもと、多大な借金を背負わされて身動きできない状況で、働いていました。性病検査の結果をいつも持ち歩いていなくてはいけなくて、それを持たずに外出すると、収容施設に連行されて、強制的にペニシリンを大量投与されるんですね。なかには、ペニシリンショックでなくなった女性もいました。性病検査はもちろん、女性のためではなく米軍人のため。

去年、日本軍「慰安婦」を支援してきた市民団体が企画するスタディツアーに参加して、そこで元米軍「慰安婦」の女性やその支援者とお会いする機会があったんです。そのときに、米軍「慰安婦」と日本軍「慰安婦」とのつながり、日本人男性が大挙して訪れたキーセン観光、現代の韓国の性売買の現状について考えさせられました。改めて驚いたのは、韓国では、性売買の現場で使われている言葉って、ほとんど日本語なんですよね。特殊観光とか、前金とか。「イアンフ」もそのまま使われていますものね。佐藤さんは売買春のこと、なんて呼びますか?

佐藤　買春(カイシュン)、売春(バイシュン)でしょうか。

北原　売買春を表す言葉って、その人の売買春に対する考えが出る政治的な言葉なんですよね。たとえば、働いている女性のことをProstituted Womenという言い方をすると、「売春婦化された女性」というニュアンスになるし、「セックスワーカー」と言えば労働者として捉えられる。私が韓国で出会ったフェミニストたちは、「性売買」って言ってたんです。働く人のことは、性売買従事者です。簡潔で使いやすいので、最近はそう言うようにしています。

やはり、一九九〇年代にF・デラコステ、P・アレキサンダー編『セックス・ワーク――性産業に携る女性たちの声』（原書一九八七年、翻訳版一九九三年）が出版され、セックスワークという言葉が出てきたときは、衝撃だったんですよね。性売買に従事する女性を犯罪者として取り締まるのではなく、労働として認めることで彼女たちの人権を守り、さらに女性だけに押し付けられる性のスティグマやダブルスタンダードを脱構築していけるという理論でした。

佐藤　しかし、「セックスワーク」という言葉を権力を持つ側が自己決定のひとつとして語ると、別の意味を持つと思います。この場合、発話本体が誰かが重要になります。

北原　そうなんです。セックスワーク論は、現場の女性たちの人権を守れ、という一点でその通りだと私も思うのですが、それがちょうど日本に輸入された頃に援助交際が大きな社会問題となっていたことも重なって、売る売らないは私が決めるんだという「自己決定」の問題が前面に出てしまったと思います。そして性売買を女性差別として捉えていたフェミニストが、批判されるようになっていく。八〇年代から女性の性的自立と自己決定を最も訴えてきたフェミニストが、女の性売買の自己決定を認めないのかと批判され、フェミニストVSセックスワーカー論、という議論になっていってしまった。

佐藤　非生産的な対立ではないでしょうか。

北原　そうなんですよね。自己決定の問題ばかりが取りざたされることで置き去りにされているのは、男性の性欲の問題であったり、これほどシステム化され、合法化され、巨大化されている性売買システムを維持する社会に対する批判の視線なんだと思います。そういうこと、もっと声に出していきたいんです。

「オランダ＝性に寛容な国」のからくり

北原　国際人権NGOのアムネスティ・インターナショナルが二〇一六年、各国政府に対して性売買の非犯罪化を勧告しました。「危害、搾取、強要などからセックスワーカーを守る対策をとる」「合意に基づくセックスワークの非犯罪化」などの対策が打ち出されました。性売買従事者の人権を擁護する視点からいえば、当然のことだと思いますが、日本の男性たちが「アムネスティも売春を合法化しろと言ってるぞ！」と威張ったように言うのに辟易しています。キリスト教からすると、性売買はどのように捉えられているんでしょう。プロテスタントが強いオランダやドイツは、性に関して寛容という印象を受けますが。

佐藤　基本的にキリスト教は性欲を認めていて、さらに「女性をいやらしい目で見てはいけない、それは姦淫したのと同じことだ」という激しい倫理観を押し付けて、「ほら、だからお前も罪人だろう」という宗教です。プロテスタントは、根っこにおいて罪の縛りが厳しいから、逆に罪のたがが外れると快楽としての性をどこまでも追求しようという方向になります。ただしそれは愛し合っているふたりの間では、という話です。売買春はもちろん認めません。

北原　オランダは二〇〇〇年に性売買を合法化しています。女性の自己決定権と性的自由の文脈で、セックスワーク論の人たちからオランダが肯定的に語られることが多いのですが、二〇〇〇年代にオランダに留学した友人によれば、オランダはアムステルダムは別として、大変な階級社会で保守的だと聞きました。マリファナも性売買も、合法ではあるが、そういう所に関わる人に対する眼差しはかなり侮蔑的なものがあると。

佐藤　オランダは、プロテスタントのなかでも、カルヴァン派の影響が強いんです。世の中には、生まれるよりずっと前から選ばれて天国のノートに書かれた者と、生まれる前から滅びが決まっている者とが両方いるというのが、ジャン・カルヴァンの思想です。選ばれた者は神の栄光のために努力するし、選ばれない者はどんなに努力しても滅びる。そこには、メソジスト教会の創設者であるジョン・ウェスレーみたいに人間は努力すれば何とかなるという発想が一切ない。だから、選ばれし者からすると、売買春は視界のはるか外になってしまう。

北原　そういう国でのセックスワーク論と、公娼制度をずるずると抱えて、赤線がなくなった後も合法的な性売買を生み出して、海外にまで買春ツアーに行くような日本の性売買の価値観を並べて語るのは無理があるかも。あと、オランダでは深夜一時以降、テレビ番組はポルノのようなものが途端に多くなるのだそうです。それも選ばれない者たちへの選ばれた者からの贈りものなんですか？

佐藤　だから、常識的な時間には一切やらないわけでしょう。選ばれた者たちは寝ているから、そういうものも視界に入ってこない。ポルノを観るような奴は、神に選ばれていない奴だから。それは、生まれる前から決まってるということになる。

北原　自分で選べないその感覚って……ものすごい差別じゃないですか。

佐藤　第三者的に見ればそうです。しかし、当事者はそう思っているし、文化の文脈で見なくてはいけない。カルヴァンは、なんで世の中には悪い奴がいるかをこうやって説明するわけ。神様が麦を植えるんですが、神様の隣には悪魔がいてそこに毒麦の種を入れる。毒麦が生えてくるから、いい麦の根っこは抜けちゃって、悪い麦をずっと育てることになる。だから、最後にすべてを刈り取ってから火にくべるんだと。これはカルヴァン派の人たちが非常に好きな発想ですね。この世に悪魔がいるのはどうしてか、最後に火にくべろと。

北原　恐ろしい。佐藤さんもカルヴァン派が好きなんですよね（笑）。

佐藤　好きではないですけれども、そういうキリスト教が刷り込まれているので仕方ないです。カルヴィニズムはものすごく恐いものなんです。だから反動もすぐ出てくる。たとえば、先程も言及しましたが、一八世紀にジョン・ウェスレーという人がいた。青山学院大学や関西学院大学がウェスレーの系統ですね。彼は、イングランド国教会の司祭で、最初、カルヴァン主義者だったのだけれども、「どう考えても俺は選ばれてる方じゃない気がする」と考えた（笑）。選ばれてない側なんだけど、周りの人たちを大事にしてるし、奥さんも裏切らないし、社会活動も一生懸命やってるから、そういう努力を少しは認めてちょうだいよ、努力すれば人間は最終的に救われるんじゃないですかと。それで、彼から生じたのがメソジスト派で、カルヴァン派の完全に裏側になっちゃった。

北原　救われたいですよ、私も。

佐藤　それはそうですよ。でも、気をつけないといけないのは、メソジストの思考だと、自分の努力によって救われるというかたちで増長してしまう。カルヴァン派は、自己責任論にはならないんです。仮に自分がうまくいっていたとしても、それは生まれる前に決められていることだから、自分の力とは関係がない。だから、自分の力は人のために使わなきゃいけない、という教えですから。受けるよりも与えるほうが幸せである、そのためには人に与えられるものをもっていないといけないと。本当にイエスがそう言ったかは知らないけど、パウロはそう伝えてます。それが、プロテスタントではなくてカトリックだったら、「今日はあの人のことを悪く思ったんです」と告白しに行けば、「主の祈りを五回祈りなさい」と言って許されてしまうんですが。

北原　カトリックにシンパシー感じるな。

佐藤　でも、プロテスタント運動の先駆者となった宗教改革者であるヤン＝フスなんか酷い目に遭ってますよ。当時、ローマ教皇が三人いるし、そのうちのひとりヨハネス二三世はシチリアの海賊やってたんじゃないかという疑いまであった。なんでそんなもので救われるんだ、おかしいじゃないかということで、一四一四年に聞きたいことがあると、ドイツのコンスタンツという都市に三人の教皇が呼ばれる。フスもそのカトリック教会の会議に呼ばれるが、行ったら酷い目に遭うんじゃないかと行かない。でも教会側は、絶対大丈夫だと約束するために、安導券という札を出していた。この札があれば敵地に行く病院船とか連絡船が絶対に沈められないことになっていて、今でもあります。それで行くんだけど、すぐにフスは捕まるわけ。抗議しても、「約束はしたが、約束を守るとは言っていない」という対応をされた。カトリックはそういう感じだから。

北原　カトリック、かっこいい（笑）。

佐藤　三人の教皇は廃位になって、フスに関しては、この人は面倒くさいから火あぶりにしようということになる。「お前はこういう間違えたことを言っただろう」と難癖をつけるわけ。そしたら、フスは「もしあなたが言っていることが聖書に根拠があるなら具体的に示してくれ。そしたら証明する」と返す。「聖書より教会の伝統のほうが重要なんだ。ふざけた野郎だ。悪魔の手先だったと認めないのか。認めれば、首吊りで殺してから火あぶりにしてやる」ともう一回くり返すけど、フスはまた「私の言っていることのどこが間違えているか。聖書に根拠を示してくれ」と応える。そして、ついには「うるせえ教会の権威のほうが上だろう、最後の慈悲だすぐに火にくべてやる。そうじゃなければ徹底して時間をかけて、とろ火でやるからな！」と悪魔の帽子を被せられ、とろ火であぶられ、殺された。

北原　いいじゃないですか、カトリック！　私も、これから性差別男にはカトリック教会として振る舞おう。日本社会には女性差別があると私が言ったときに、「憲法では男女平等をうたっている。どういうことが女性差別なのか、根拠を示してくれ」とかいう男に、「うるせえ、とろ火で焼いてやる」って言ってやる！（笑）。

佐藤　フスが死ぬ前にとにかくお祈りをして、「この人たちは自分がやってることがわかってないから許してやってください」とか祈っても、教会は「生意気な野郎だ」と。

北原　ええ、生意気ですよ（笑）。

佐藤　「最後まで可愛げのない奴だ。火あぶりにしてやろう」と燃やされて、灰は川に流されたんですよ。

北原　すごくスッキリしました。もうね、「合法的な風俗ですけど、なにか？」とか大きな顔しないでほしいんですよ。「えっと、とろ火でいいかな？」って話ですよ。

佐藤　私はそういう研究ばっかりやってますから（笑）。カルヴァンの言ってることは半分くらい正しくて、どういう道をその人が選ぶかは生まれる前から決まっているし、自分の持つ能力を自分のために使うか、人のために使うか、生まれる前から気質としてあるんです。それを遺伝と呼ぶのか、あるいは神が選んでいるのかはともかくとして、努力でどうともならないのがこの世界なんです。でも、カルヴァンの最大の問題は、滅びると定められた人がいると決めていることですね。選ばれてる人はいるかもしれないけど、残りの人についてはわからないというのが正しいと思う。

北原　オランダの自由な売春地区とされている「飾り窓」には何度か行ったことありますけれど、自由で明るい感じとは、まったく受け止められなかったですね。閉ざされたゲットーのようでした。そのときに「見えない世界」として隔離されているように感じたのが、今のお話で腑に落ちました。

売買春はネットワークビジネスである？

佐藤　最近、新庄耕さんの『ニューカルマ』（二〇一六）という小説を、面白く読みました。ネットワークビジネス、マルチ商法にはまっていく若い男の話です。大手の家電会社に就職したんだけど、将来に不安を感じて、最初は半信半疑でやっていた副業から抜け出せなくなるっていう粗筋。友達も全部利用してしまって、商品やシステムの詐欺も知るんだけど、最後はそこから抜け出せなくなる。形は違うけど、アダルトビデオや性風俗の世界も、ネットワークビジネスと構造が似ていると思ったんです。

北原　ああ、一緒ですね。最終的にはカルト化して、もう自分の責任だと追い込まれ、いる場所も光景も変わらないまま、どんどん孤独になっていっちゃう感じ。「ネットワークビジネス」という視点は、性売買のシステムを説明するのに的確ですね。もちろん、性売買に関わる人には、それぞれの段階で自己決定があり、自分の意志で努力をしていこうともする。そうか、そういう自己決定を巧妙に利用することも含めて、システムとしては人を食い物にするネットワークビジネスだ。

佐藤　その通りですね。それに、性交渉によってお金を対価として得ていても、人間の心なり魂なりを擦り減らしているわけだから。

北原　このシステムは、売り手だけでなく、買い手も食い物にされてるんですよね。「性」のことって、なんとなく反権力だったり、自由の象徴みたいに語る人がいるけれど、日本の性売買は、どっぷり体制側。そういうシステムが当たり前のようにある社会で、男性たちもシステムの依存症になっているんじゃないでしょうか。これがなければ俺たちの人生も仕事も社会も回らないんだと、性売買システムや、自分の性欲そのものに依存しているのでは。

佐藤　性交渉の絡まない、いわゆるスナックとかそういう場所も含めて、日本の男たちは依存していますよね。なんでスナックのママにいろいろと個人的なことを話さないといけないのか、私にはさっぱりわからない感覚です。

北原　わからないですか？

佐藤　わからない。

北原　そういう男たちのことを佐藤さんに訴えても意味がないんでしょうけども（笑）、いつからその呼称が始まったか不思議。スナックの女の人を「ママ」と呼ぶこと自体、男たちが依存しまくってる証というか。

佐藤　楽しくなくてもわかる世界もあるけども、そういう場所は楽しくもないし、よくわからない。

北原　先日、札幌に用事があって、夜のすすきのを歩いていたら、吸い込まれるように一人でホテルに入っていく女の人を何人も見るわけです。デリヘルですよね。空港の本屋によく立ち寄りますが、必ずと言っていいほど、エロ本とかポルノ小説が置いてある。あと地方の風俗ガイドがあることも。男の人にとって旅とセックスってセットになっているのかな、と思うほど気軽に買う。むしろ買わなきゃ損だくらいに思ってないかな。佐藤さんは「俺は嫌い。だから行かない」で済むかもしれないけど、買う・買わないということがこれほど日常化されていたら、私なんかはそれが自分とは違う世界の話だとは到底思えないんですよね。自分がこの社会で、性を売らされる一歩手前の所にいて、見えているのに見ないふりをしているような感覚がある。

佐藤　違う世界だというのとは少し違うんですが。

北原　それでも多分、性に限っては、男と女で見える景色はまるで違うでしょうね。佐藤さんは街を歩いていて、「高収入！　あなたの夢が叶います」みたいな風俗の広告が目に入ります？

佐藤　目に入ったら、どういうからくりで、どういう詐欺師が裏にいるんだろうなと考えますね。

北原　あははは（笑）、佐藤さんならそう考えますよね〜。でも、一〇代のときから自分の性が売れるものと叩き込まれた女性たちには、新しい世界の入口に見えるかもしれない。多くの女は見て見ぬふりをしながら、自分に、知らない間についている値札の意味を考えさせられるんです。

日本の性意識はいつ変わったか？

佐藤　宮台真司さんが登場するまではそうじゃなかったんですよ。

北原　また宮台さんのせいですか（笑）。

佐藤　この文脈で宮台さんが重要な役割を果たしたことは間違いありません。個人にそんな力はないんだけど、ああいう言説が急速に広まったのは、ポストセダン以降ですよね。ブルセラや援助交際なんかの現象が起きる前は、性の売買は主にヤクザの世界にありましたよね。管理売春や、熱海で「おにいさん、おにいさん。ちょっといい映画あるから」という感じで呼び込まれるブルーフィルムの時代。暴力性と強く結びついてる世界だということが誰にでもわかるから、女性が入っていくにはそうとうハードルが高かったと思うんです。いまはポルノ的なものからは暴力団は離れてきてますよね。

北原　働く側のハードルは下がったし、経営したがる人も増えています。

佐藤　実態というよりも、剝き出しの暴力と隣り合わせの世界なんだという意識が低くなったんじゃないか。バブル期を経て、貨幣に換算できるものは何でもよくなったんでしょう。

北原　なるほど、肩もみもセックスも、同じサービスという語られ方がなされるようになったってことですね。身体を商品化していくことに、抵抗感がなくなっているし。宮台さんだけでなく、上野千鶴子さんや速水由紀子さん、藤本由香里さんなど、九〇年代に性に対して積極的に発言していた女性の言論人も、援助交際を肯定していたし、アダルトビデオの暴力表現についても、それは表現の自由の範囲だとして闘ってこなかった。

やはり団塊世代の人や、その世代に影響を受けてきた下の世代にとって、「性」というのは反権力の象徴だったり、自由の証なのだろうな、と思うんです。性を語るだけで逸脱できるというような。性をどれだけ革新的に語るか、最先端で語るかということに言論人が血眼になっていたのが九〇年代かもしれない。だから性売買やポルノに対し批判する少数派フェミは、「道徳的で野暮」みたいに嘲笑されてきた。そのような語りの結果のツケを今、若い女性たちが命がけで払わされているように思うんです。

佐藤 性について語らせる文化は、フランスの哲学者ミシェル・フーコーが言っているように、近代以降の現象じゃないですか。ずっと以前から、キリスト教の人間は、「語らない」という形で肯定的に愛を受け止めてきた。だから、愛し合っている人間同士でどんなプレイをしても何をやってもいいが、それはふたりの間のことで、外に出す話じゃないと。プロテスタンティズムの場合はもちろん避妊もオーケーだし、快楽としての性に関してはいくら追求してエンジョイしても構わない。そこに禁止規定はない。

北原　カトリックはどうなんですか？

佐藤　カトリックはすごく縛りが強いですよ。避妊を原則として認めないし、生殖と離れたところの性を禁欲的に認めない。これに対して、ロシア正教は性についてかなりオープンです。禁欲的な雰囲気が入ってくるのは、カトリック神学の形成に決定的に重要な役割を果たしたアウグスティヌスがもともと禁欲的なマニ教徒だったからと私は考えています。特にコンキュピスケンティア、「欲性」と訳しているんだけれども、生殖行為によって罪が遺伝されるという発想をアウグスティヌスはもっている。

だから、キリスト教から出てくる新宗教の一部には、セックスによって人を清めるという考え方があります。それは逆に、精液のなかに原罪が入っているという理解があるから。教祖の精液をとることによって清められると。

北原　ときどきセックスカルト教が出てくるのはそういうことなんですね。気持ち悪いおじさんと皆がセックスしてる宗教が出てきますよね。

佐藤　それ、ほとんどがキリスト教系でしょう。アウグスティヌスの負の遺産なんですよ。神学的に見るならば、アリストテレスがコンキュピスケンティアというかたちで、精液のなかに男が姦淫するようないやらしい目があるという認識をしていたから、それが裏返っているだけなんです。

北原　女性は不浄だとし、男の性欲無制限、みたいな日本の性文化ともまるで違いますね。人類は、どこからやりなおしたらいいんでしょう……。

男の性欲のなかで、女はしたたかに生きられるか

北原　この間、自分が書いたものを整理していて、二〇年前に「ちゃんと経済力を身につける。自分が行きたいときに行きたい所に行ける人になる」と残しているんですね。自分が二三歳のときには、そう書ける空気があったけど、今の若い子たちが言えるかなと思うと。

佐藤　いまは逆に、強者の論理と思われる。

北原　そうなんですよ。

佐藤　「あなたはいいよ。能力があって、いい大学を出てるし」と。

北原　だからこれは出せないなって、改めて社会のギャップにすごく驚きました。前に話した三九〇〇円のデリヘルひとつとっても、いまは女の子たちが簡単に使い捨てられてしまう。

佐藤　だから、使い捨てられないようなしたたかさが必要になってくる。

北原　したたかさ？　強くあれってことですか？

佐藤　もっと簡単なことで、生活基盤を整えるとか、資本主義社会のなかで一定程度、稼げる仕組みをつくっておく。

北原　そうなんです。

佐藤　なおかつ自分たちの名誉と尊厳を保全するなかで、自分が食べていけることをする連立方程式をつくる。その方程式をつくって実践するということが、中長期的に自分にとって都合がいいことなんだ、とそこをどううまく伝播していけるかが鍵になってくるんじゃない？

北原　そう、だから「みんなで社会をよくしていきましょう」しかないんだけど、いま女性たちが本当に食い物にされているなかで「したたか」になるってことが酷に思えてしまえて。そのデリヘルのホームページには左側に「女の子募集」とあって、「サンキューで一緒に夢を叶えませんか?」とある。こういう仕事をして、お金を貯めて、夢を叶えて、ということがあなたたちに求められていますと、すでにしたたかさも含めて「風俗業界にいらっしゃい」ということだと私には見えてしまうんです。

いま、若い男の子は風俗に行かないとか性欲がないと言われているけど、実際に働いている女性に話を聞いたら、客には二〇代の男性が多いと言うんです。安いし、当たり前のようにデリヘルを呼ぶことが身についてると。男の子が女の子を商品として見るシステムが、罪悪感なく蔓延してる。理由は特になく、男だから、とか、売ってるから、とかその程度の理由でしょ。

佐藤 今の風俗やアダルトビデオは、いわゆる「慰安所」システムの進化形なんだね。

北原 まさにそうなんですよね。

佐藤 風俗は女性の宿舎を保全する必要も、健康診断する必要もない。加齢していくことによって客をとれなくなるけど、そういう人をどうするかという問題も考慮されない。アダルトビデオだったら、一回つくってしまえば、特にダウンロードシステムならば企業に経費もかからない。でもそのシステムのなかに入ったら、女性は完全に人間を潰されてしまうから、入口に近づかないようにするにはどうするかということですよ。

北原　そうなんです。男が見たいようにしか表現されていないから、女性にはアダルトビデオの実態がどういうものか想像できない。そして、男の性欲は絶対肯定されていく。

佐藤　キリスト教も性欲は認めていますが、女性をいやらしい目で見るのは姦淫したのと同じだという教えは、裏返すと「男は皆、いやらしい目で見てるから気をつけたほうがいいよ」と女性に教えてるわけですよね。「男が姦淫するようないやらしい目で見てるから、注意しなさい」と。

北原　女の性欲については、なんといってるんですか？

佐藤　ほとんど書かれていない。

北原　それはないものだから書かれてない？

佐藤　パウロ派の文書だから、それによってマッチョなかたちになっているんです。

北原　パウロは「女はヴェールを被っていろ」って言うんですものね。女の原罪は何ですか？　原罪としての精液を受けてしまうこと？

佐藤　身体に引き寄せるとセックスによって生を受けたということになるのでしょうが、これは女も男も同じです。興味深いことに、カトリックの解釈では聖母マリアには原罪がないんです。マリアはセックスなくして子どもを産んでいるから無原罪だと。キリスト教のドクトリンだと、最後の審判が終わってから、死んだ人が天国に行くことになっています。天国にいるのはイエス・キリストだけなんだけども、カトリックは一九五〇年に実はマリアも天国に上がっていると決定して、マリア被昇天の宣言を出した。そこには、性欲の問題、特にセックスの問題があるんです。

北原　なるほど。そのように性欲の問題を徹底的に考えていくような教育が、日本にはないんですよね。自然なこと、考えなくてもいいこと、となっている。

佐藤　若い世代、特に高校生から大学に入りたてくらいでも、情報を収集する能力や理解力は大人とあまり変わらないんですよね。ただし洞察力や判断力がないし、あるいは小学校から悪事に関する教育をしないから、世の中には悪があるということを知らない。キリスト教は性悪説にたって、悪に対する教育を徹底的にしますからね。人間は放っておくと悪事をやるに決まってるというふうに。

北原　そういう洞察力を養う機会がないまま、ネットワークビジネスの餌食になってしまうような状況が今の日本社会なのかもしれないですね。

ポルノカントリーのファンタジー

北原　この間、イギリスのドキュメンタリー取材を受けたとき、契約が厳しかったんですよ。私に編集権、肖像権が一切ない。「どのようにこの映像を使おうが一切文句を言いません」という書面にサインをしてくださいと言われて。

佐藤　アダルトビデオと同じ世界。

北原　まさにそうです。編集権なし、肖像権なし、どう使おうが文句を言えないって、アダルトビデオとまったく一緒なんだけど、実際に出た女の子たちの話を聞くと、なんだかわからない状況でサインさせられてる。「怖いからやめたい」と思っても、もうサインしたから契約だとの言葉の前に、感情や恐怖が無意味になってしまう。

佐藤　しかもアダルトビデオ会社は、必ず警察出身者を顧問につけてるから、警察とも相談して大丈夫という話にしてしまう。

北原　いまはＤＭＭもあるから経産省も入ってますよね。名のあるアダルトビデオ女優たちも「ちゃんと契約交わしてますよ」と発言していて、そういう流れのなかで「被害を受けていると言っているのは一部の女の人たちの話で、むしろ被害者ビジネスです。被害を受けることによって彼女は有名になるでしょ」という発言もふつーに出てきてしまう。

佐藤　女衒《ぜげん》の論理だな。

北原　基本的には脅しですよね。女衒の論理がまかり通る社会ですよね、ここ。幼いときから社会の雰囲気でＤＶ体質にさせられて、女性たちはこういうものだと諦めてしまう。

佐藤　風俗の世界を脱構築するという意味では、『闇金ウシジマくん』は映画もテレビもおもしろかったですよ。

北原　どういうふうに描かれてるんですか？

佐藤　大島優子がテレクラでバイトしたりしてるんだけど、性風俗は、女性から搾取することが目的だということがはっきりわかる。ＤＶ男が女の子を殴ったり蹴ったりして働かせるんだけれども、ちょっと優しいところがあって騙されるとか、そのへんの感じがよく描けてる。

まあ『ウシジマくん』は置いといても、やっぱり当たり前のようだけど、若いときの出会いが大事になってきますよね。僕も学生のときに何人かのよい先生との出会いに恵まれたし、外交官になってからはそれこそソ連が解体のシナリオを書いたロシアのブルブリス国務長官とか歴史的に大きな仕事をした人からは強い影響を受けた。日本では、鈴木宗男さんや森喜朗さんとかも。こういう政治家は、モスクワに来ても絶対に女性を買ったりしなかった。世間のイメージでは、いかにも、しそうな人たちでしょう（笑）、でも絶対にしない。そういうところで変なことをする奴は、政治家としての野心がないんです。

北原　じゃあ、野心で性欲は抑えられるんだ。

佐藤　政治家に関しては、抑えられます。学者についても、学術的な探究心や野心が、性欲を抑えることができる例をたくさん見ている。だから性欲って、そんなにいつも人間についてまわるのかと思う。

北原　それを男性に聞きたいんですよ。風俗に行くのは性欲なんですか？

佐藤　コミュニケーション、あるいは組み伏すという支配欲もあるかもしれない。

北原　私もそう思う。お金で組み伏す。そしてコミュニケーションしたい。話を聞いてもらいたい。癒されたい。

佐藤　自分が主導するコミュニケーションをとりたいと。

北原　セックスワークを肯定する言説のひとつに、風俗の現場で実際に男性が何をしてるかというと、射精してるわけじゃないんですよ、というものがあります。性風俗は男が暴力的に性欲を発散させる場ではなく、女の人と話し合ったり、黙って抱き合ったりし、男という鎧を一時脱げる癒しの場でもあるのだと。正直、だからなに？　って感じです。

　同じ言説は、日本軍「慰安婦」が語られる際もよく出てきました。「慰安所」でも、兵士が明日は死ぬかもしれないという日に「セックスではなくて抱き合って、そういう優しい時間を過ごしたことがありました」という話が珍しくない。エロス的な優しい関係がそこにはある、ということが兵士の視点で文学的に語られる。そりゃ、人間同士なのだから、そのような時間はあるでしょう。そしてそういう時間があるからこそ、やっていけるでしょう、という思いもある。でも、「慰安婦」でも、今の風俗でも文学的なエロティックな語りが、性売買の現場をファンタジー化しちゃっていて、現実の厳しさを語る言葉の方をむしろ嘘だとして、個人的で主観的な感覚として取るに足らないことのように扱われているおかしさがあるんです。

佐藤　神学的な話になりますが、明治時代に「love」を「愛」と訳したときにかなり苦労したというけど、かなり意味がずれていると思う。ギリシア語では三つの「愛」があるんです。ひとつ目は「エロス」。これはセックスだけじゃなくて、自分にないものに関わる人に対する憧れを含むからストーカーになりやすいし、あるいは芸術を追求する愛。ふたつ目は「アガペー」。神様からの一方的な愛で、とにかく見返りを求めない。日本の「愛」ではそのふたつだけを含むけど、もうひとつ重要なのがギリシア語にある「フィリア」。これは友情なんです。風俗や「慰安所」での男女間の友情に近い感情が生まれるという幻想はこれです。かつそこに抱き合うとか性的な要素が加わって、エロスとフィリアが混じってる感じがする。

北原　そういうものであって欲しいという男性の願望ですよね。もちろん、それでもその場で実際にエロスやフィリアが成り立つことはあるでしょう。で、成り立つこと自体が恐怖だし、絶望を感じます。

佐藤　その通りです。ファンタジーだし、恐怖ですよ。一種のストックホルム症候群だから。

「ねずみ男」が日本でいちばんいい男？

北原　さっきの「愛」の話になるけど、日本の社会はフィリアを信じられる基盤がすごく薄いんだと思うんです。女の子同士もそうだし、男と女の関係もそう。人を信じてもいい、自分を信じてもいい、この社会を信じてもいいという基盤をどんどん自分たちで崩してる感じがします。

佐藤　友達いない人のほうが、今は圧倒的に多いから。

北原　友達がいなくて、どうやって生きていけるんだろう。

佐藤　フィリアは三つに分かれるとアリストテレスは言う。実用、役に立つ友情。快楽の友情。善の友情、一緒にいると善になることができる。

北原　韓流ドラマで描かれる男女関係を思い出しました。韓流ドラマがすごいのは、日本のドラマでは絶対に男が女に言わないセリフが頻発することです。「君は、僕の行く道を照らしてくれる。君は扉だ」とか、「君といると、君の向こうにいっぱいいろんな世界があるのがわかる。だから一緒にいたいんだ」とか。実際に韓国の男性がどうかは知らないけれど、日本の女があれだけ韓流ドラマにハマったのって、ひとつは、女と男がきちんと語りあっていて、女をバカにする表現が少ないってことが大きいです。

佐藤　日本の男で比較的マシなキャラクターは、『ゲゲゲの鬼太郎』に出てくるねずみ男くらいですよ。自分の個別利益は考えてるけど、友情を壊したり共同体を壊したりしないでしょう。

北原　言われてみれば（笑）。

佐藤　悪事を働いても自分で告白して、それでだいたいネコ娘に引っ掻かれる。暴力の面では被害者でしょう。

北原　しかも暴力的じゃない！

佐藤　だから、日本でいちばんいい男は、ねずみ男型なんですよ。小金に汚くて、狡くて自分の利益を追求してるんだけれども、あまり上昇志向はない。

北原　日本の男性は、そんなに目標低くていいんだ、って泣きそう。

佐藤　だって、ねずみ男じゃないと、星飛雄馬みたいなのが来るよ。

北原　星飛雄馬？　やめて～。ねずみ男が、急にかなりいいんじゃないかって気がしてきた。

佐藤　外務省にいるときは、『巨人の星』が好きだった上司や同僚は警戒しましたね。初回から最終回まで全部ストーリーを言えるような奴がざらにいるんですよ（笑）、みんな記憶力がいいから。どういう話か知ってる？

北原　全然覚えてない。

佐藤　戦争から帰ってきた星一徹というすごい投手がいて、ところが魔送球という危険球を投げるので、球団はこんな奴は置いておけんと、サインをして合意のうえで退団した。しかし本人はそれを不当退職として納得できず、息子を巨人軍に入れることで絶対に恨みを晴らすと決めて、その一筋で暴力的に鍛える。

北原　え、父と息子の話だったんだ。

佐藤　一徹は運動能力にはまったく関係ないうさぎ跳びとか、大リーグボール養成ギプスとかさせて、何か文句があるとすぐに殴る。友達との間にも親父が介入してくるから、飛雄馬は人間関係にあまり慣れないと同時に、他人の恋愛に異常に干渉する性癖のある少年に育つ。

北原　DVどころか、カルトの家ですね。

佐藤　テレビ版だと最後は無理な運動ばかりしたせいで腕の腱を折って使い物にならなくなった息子を、父親が抱きかかえてマウンドを去るんだけど、オリジナルの劇画だと、その後、自分が結婚できたかもしれない女性の結婚式を覗いている飛雄馬がいて、風の吹いている寒い日に消えていく。

北原　そんな悲しい話だったんですか。

佐藤　親の代理経験だけ押しつけられて不合理なことをして、人間関係がまったく構築できない男。これは完全に人格破綻者の物語ですよ。何で世の中がこんなに男権的で、性風俗が消えないかって、『巨人の星』を読んでそこに仮託してるような連中にまだ権力があるから。星飛雄馬の生き方に理想のすべてが凝縮されてる、なんて彼らは平気で言いますよ。

北原　パンツ盗んだ大臣も読んでそう。いま四〇代の男たちはどんな漫画で育ったんだろう……。

佐藤　いま一〇代の子どもたちは想定できる。『妖怪ウォッチ』を観ているから、すべては全部、運だとなる。

北原　『ワンピース』もそうだ。

佐藤　その人の幸せは、憑いている妖怪で決まる。だから本人の努力とは関係ない。これは新自由主義と裏表ですよね。努力したって上にいけないと。

北原　やっぱり努力しても無駄だ、運だ、となると諦めるの？

佐藤　考えない。その瞬間にまかせればいい。そのへんは風俗やギャンブル、あるいは依存性のある世界に入っていくということと、すごく関係してるかもしれない。

公娼制度を脱構築する

北原　松井やよりさんが九五年、朝日新聞を退職後に設立したアジア女性資料センターの機関誌で、買春男性の意識調査をしたり、性をめぐって男性と対談しているんです。一〇年くらい通っていたけど、決心してやめた男性に「なぜ一〇年間も買春を続けたと思いますか?」とストレートに質問を投げかけている。九〇年代当時、「アジアの買売春に反対する男たちの会」なども発足して、男たちが自分の買春体験を話し始めるんですね。そうすると、まさに依存だったという話が出てくる。私だって男だったら、こんなにいっぱいあったら一回くらい行こうと普通に思うだろうなと。

佐藤　作家の中村うさぎさんの話を聞くとそうらしいですね。自分の依存症をホストや整形から、ウリセンを買ってみることにシフトした。彼女は、自己決定ということをすごく真面目に受け止めて実践して議論している人で、インテリとしてすごく尊敬しています。

北原　うさぎさんを見ていると考えさせられます。うさぎさんの買い物依存や整形のお話はとても面白く読んでいたのに、デリヘルを体験されたときや、ウリセンを買う体験は読めば読むほど、あまりにも重たい。身体を張っているにもかかわらず、性を描く言葉に身体の痛みや感覚が感じられず、観念しかなくて、出口がない苦しさを感じました。

佐藤　ウリセンの話を読んだときは私も心配になった。あの感じでやっていると事故に巻き込まれるんじゃないかと思って。

北原　経営者として考えると、性売買はビジネスとして成立させられることが異常だって思います。ペットショップビジネスと通じるものがあって、人権無視しないとできない。生殖に関係することであり、個人を危険にさらすことであり、病気のリスクも高い。とてもじゃないけれど、いくら働きたいという人がいても経営者としてはやれない。

佐藤　やってると人間に見えなくなるんだと思う。

北原　だから三九〇〇〇円のデリヘルができるんですね。

佐藤　低価格にして、かつ最底辺のところでの雇用装置になっているという、そういう仕組みが出来上がってるわけですね。

北原　女性には一日三万円を稼ぎましょうという目標額を設定させているんですよ。

佐藤　そんなことをしたら体がボロボロになる。具体的な結論から言うと、これは経団連を動かさないと変わらない。理屈をつくるのはそんなに難しくない。日本の資本主義のためにマイナスだ、生産しないし、機会費用の損失だというロジックをつくればいい。

北原　帝国議会本会議の議事録を読んだという話をしましたけど、公娼制度廃止の議論では、日本の恥だからやめましょうというロジックだったんですね。　九二〇年代にも警察に管理させて業者にやらせようという提案があった。つまり、性売買は絶対に男文化に不可欠で、しかも社会の息抜きになっていると権力側も思ったからですよね。

佐藤　風俗の賃金がコンビニの賃金以下になったら、風俗は成り立つかな？

北原　でも今、ほとんどそういう状況なんじゃないですか。最悪一〇〇〇円の違い。

佐藤　でもその一〇〇〇円が大きいと思う。

北原　そうか、しかも一時間や三〇分で済む。面倒な人間関係もないですしね。

佐藤　別の雇用をつくり出しても、おそらく、性風俗すべてはなくならない。俗な言葉でいえば、減るもんじゃないし、バレなきゃいいんだということになるだろうけど、実はコスパが悪いんだということを明確にしていかないと。

北原　コストで考える人には、そう言うと通じますよね。どのようにコスパが悪いと思いますか？

佐藤　感染症にかかるリスク、事故に遭遇するリスクがコンビニでのバイトよりもはるかに高い。もっとも人間は誰しも自分がやってることを正当化したいから説得は難しい。

北原　そう思います。働いている女性も後悔する瞬間があっても、続けていくうちに物語が再生産されていって、「ここで頑張るんだ」となりますよね。そして周囲にバレちゃったら「ここで頑張るしかないんだ。ここで一番になるんだ。頑張れば頑張るほど褒めてもらえるんだ」となる。

佐藤　鈴木涼美さんの『「AV女優」の社会学』（二〇一三）では、単体から企画ものに変わって賃金は非常に落ちるんだけど、そのなかにおける競争心に煽られたとよく書いているよね。

北原　だからネットワークビジネスなんですよね。

佐藤　そうすると啓蒙の役割は非常に重要で、性風俗にはこういう怖さがあるんだと啓蒙することですよね。あとは矯風会じゃないけど、自分のライフワークとしてそういう問題に取り組む人が、社会で再生産されていくことが大事。社会運動でやる人がいてもいいいんだけど、意外と重要なのは、地方公務員とか行政での取り組みです。

北原　そうですね。そこが動いてくれると全然違う。

佐藤　それこそ戦前の公娼制度から連続してつくられてきた構造だから、脱構築には時間がかかる。

北原　そうですね。

佐藤　少しずつ実証研究が出てるけど、知的障害のある人たちが風俗に送り込まれるという問題もあるでしょう。江戸時代からずっと構造としてある。上から目線と言われようが何だろうが、そこには社会的擁護が必要なんです。

北原　今の現状を見ていると、性売買についての語りで最も排除されているのは、そのような「支援者」に立とうとする女性たちですよね。彼女たちの語りは、「性売買の現場を知らないオバサンたち」「上から目線」と矮小化されてしまう。実際には、何十年も性売買システムの被害者を支援してきた方々で、ある意味最も現実の酷さを日本の現代史のなかで直視せざるをえなかった人たちなんですが。今、そういった現場の方々が力を入れているのは、一九五六年に制定された「売春防止法」の改正です。六〇年前のジェンダー観でつくられた法律は、性売買に関わる女性を保護・更正の対象としてしか捉えておらず、使われる言葉も差別的です。そんな法律のもとでは、支援を求めている人に支援が行き届かないこともある。また、性暴力被害者へのケアや支援にはプロフェッショナルな知識や技術が求められますが、人材の育成や福祉施設間の連携も必要です。時折、福祉側に性売買に対する偏見や侮蔑があるから支援がうまくいっていない、という方がいるのですが、福祉の現場の女性たちが法律の制約のなか、どれだけ苦しい思いで働いているかみえているのか疑問です。

一方で、最も饒舌なのが、リベラルを標榜する男性言論人です。男性は現場に入っていきやすいし、性売買に従事する女性たちも男性に対する語りやすさがある。女性の研究者に話を聞いたとき、性売買の経験のない研究者の自分が当事者に対しインタビューすることは、その権力性を考えると非常に難しい、とおっしゃっていました。誰が誰に向かって語るか、それはどのような力関係の下で行われているのか、どのような雰囲気で、どんな場所で語られているのかを加味して考えなければならないのに、今は、男性論者を通じて「当事者」の言葉や、「性風俗」の実態が語られている現実があります。貧困女性を救うセーフティネットという考え方も珍しくありません。そういう語りからいつも抜け落ちるのは、買う側の男性の存在です。

ピューリタン的思考で語る性

北原　しつこいですが、「性売買」を男はなくすつもり、ないんでしょうか?

佐藤　極端な話になるけど、趣味の問題になると思う。そういうことが好きか嫌いか。趣味の問題というのは差異の問題だから、理屈で説得できない一方で、逆にすごく強い。本人は否定するかもしれないけど、北原さんはある意味で非常にピューリタン的ですよ。性について語るとか性を解放しようと言うんだけれども、同時に同じくらい抑圧が働いてる。

北原　え、そうですか。

佐藤　そういうふうに私に見えます。

北原　ピューリタンといえば、ヒラリー・クリントンはビルにあれだけのことをされてなぜ離婚しないのかと考えていたときに、あれはピューリタン的な許しなのではないかと、神学者の山形孝夫さんがおっしゃっていて。だとしたら、私はピューリタン的じゃないな、と思ったんだけど。私はビル、許さないですよ。
佐藤　あんな屈辱、絶対許してないと思う。大統領選なんて、復讐ですよ。許してるんだったらセックスしてるでしょう。あの人たち、絶対にセックスしてないと思う。
北原　そこ、ピンときてるんですね（笑）。なんで別れないと思いますか？
佐藤　浮気のことは、永久に返せない負債として握りながら、許さないことが大統領になる原動力にもなってると思う。それがピューリタン的な感じですよ。
北原　ああ、そういう意味で私はピューリタン的なのか。
佐藤　理屈以前に、金銭を媒介としてやるような売買春が北原さんは嫌いなんだと思う。ただし、そういう状況に置かれている人たちがいるというのはわかるし、売春を自己決定だと思っている人が出てきたときにどういうふうに反応していいか、いろいろ考えてるんですよ。
北原　そうですね、その思考に佐藤さんにお付き合いいただいている感じもします。性売買について女性の現状を知れば知るほど、買う男たちについて考えさせられます。逮捕されたときって、自分の薬を家から持ち出せないから、病院に連れて行かれましたよね？　持病があるから、手縄で繋がれている状態で、まずアレルギー科に連れて行かれたんです。

佐藤　中野の警察病院？

北原　警察病院じゃなくて、おじさんの先生がいる普通の近所の病院です。

佐藤　警察の指定医みたいなのがあるわけだ。東京の拘置所は本当にひどかったな。私が健康チェックを受けているときに、隣に入れ墨が入った初老の男性がいたのだけれど、その人が耳にできものができたと言ったら、医者が「麻酔ねえんだけどいいよなあ？」と、横にいるおっかない看護師さんに聞いて、そしたらその軍国の母みたいな看護師が「いくぞお前、我慢しろよ」ってその人を抑えつけて、医者が耳たぶの付け根のところを切って血を噴き出させて。その男が思わず「ぎえ！」とか声を出すと看護師が「静かにしろ！」って。

北原　ひどいですね。

佐藤　未決ですよ。未決で無罪推定が働いているのに、この医療は何だと思ったよね。

北原　医療じゃないでしょ、それ。私は普通の病院に行ったんですけど、診察中、そのおじさん先生が、いきなりムズッと私の胸を揉んだんですよ。「おっぱいは大丈夫?」って。勾留された三日間でいちばんひどい思い出って、それなんです。

佐藤 告訴すればよかったのに。圧倒的な力を持っていることを背景にそういうことをするのは卑劣です。

北原 今でもできますかね。

佐藤 できると思う。みなし公務員だから、特別公務員暴行陵虐罪とかになるでしょう。あと告発もいいけど、実名で書いちゃうのがいちばん恐いと思うよ。

北原 そうですね、書きますか。そのときは、脇にいた女性の警官に「今、私がされたこと見ました?」って訊きました。「何だったんだろうね」って警官も言っていて。そういうときって、すぐに反応できないけど、あれから一年二年とたってくるとじわじわと思い返されるんです。手縄をつけられている状況の女に対して、警察の前でもそういうことができる、その男の感覚に驚くんです。

佐藤 なるほど。そこが、フィリピンに平気で買春に行くおじさんの感覚とつながるわけですね。

北原　その医者にされたこと、既視感があるんですよね。人を選んでやってる。状況を選んでやってる。やっても咎められないとわかってやってる。金払えば何やってもいいと思ってる。その狡さに対する嫌悪がある。

佐藤　期せずして出たけど、だからピューリタンなんですよ。ピューリタニズムが嫌うのは狡さだから。男女問わず、狡い人が嫌いでしょう？

北原　大っ嫌いですよ。

佐藤　やっぱり、もうね北原さんは優等生でピューリタン的なインテリだって開き直ったほうがいいですよ。

北原　ヤクザなバイブ屋フェミの方がいい。

「買われた」女の子たちが共感するもの

北原　先日まで開かれていた「私たちは『買われた』展」はご覧になりました？　女子高校生サポートセンターColabo代表の仁藤夢乃さんが主宰されていて、売春の当事者となった中高生の写真やメッセージが展示されていました。

佐藤　まだ見ていません。関連の記事は、ネットや新聞で読みました。

北原　私が彼女たちと知り合ったのは、「ヴァギナ・モノローグ」というお芝居に出演したときです。「ヴァギナ・モノローグ」はイヴ・エンスラーというアメリカの劇作家が、女性への性暴力を描く内容で、多様な女性が女性器について語るという形式になっている。毎年二月には、上演料を女性の暴力を根絶するための運動をしている団体に寄付しなくてはいけない、という条件で上演するんです。そのときに、仁藤さんのColaboに寄付したんですよね。

そしたら、当事者の中学生が会場に来て、終演後に喋ってくれたんです。私たちは台本に書かれたセリフを喋っていたんだけど、彼女は自分の体験を語ってくれた。「今、中高生が大変なことになっています」と。それまで芝居を楽しんでいた二〇〇人くらいの大人たちが、急に現実に引き戻されたんです。エンスラーの台本にはボスニア・ヘルツェゴビナのレイプキャンプで性暴力を受けた女性が出てくるんですけど、彼女はその話に一番共感したと言うんです。Colaboにそういう女の子たちがたくさん集まって来ているんですね。親がご飯を作ってくれないから妹と街に出たら、おにぎりやお金をくれるのはいつもおじさんだった、と。そして当然「見返り」を求められたなど……。そのような彼女たちの体験を写真で再現し、文章をつけて展示したところ、一日三〇〇人もが来場するほど話題を呼んだんです。だけど、その「私たちは『買われた』展」に対しては、批判も多いんですね。性暴力の問題ではなく貧困の問題だと枠を狭めて語りたがったり、「やっぱり女の子たちは最終的に売春できるんだから男よりマシだろ」とか。

佐藤　いまどきそんな偏見が？

北原　いまどきなんでしょうか。今だからなのかと私は思ったんですけど、何が起きてるんだろうって。しかも彼女たちが、今回の「買われた展」を始めたきっかけというのが、元日本軍「慰安婦」の女性たちの写真展だったそうです。性暴力を受けた女性たちが自分たちの顔を出して体験を語る、その勇気と意味に子どもたちが共感したんですよ。ボスニア・ヘルツェゴビナの被害者と、日本軍「慰安婦」の女性の痛みに、一〇代の女性が「これは私のことだ」と共感できる社会って何でしょう。女の子にとっては戦時中なんですよ。

「自己決定」の入れ子構造

佐藤　さっきの、おにぎりをくれる人が善人だったら、一方的にあげればいい。体を求める必要は全然ない。世の中にはやってはいけないことがあるんですよ。なぜやってはいけないかって、やってはいけないからやってはいけないんだ。

北原　少女からしたら、どういうふうに見えたのかなって考えるんです。おにぎりをくれるのがおじさんで、しかも「食べさせてあげるよ」って言われてファミレスに連れて行ってくれるのかなと思ったら、コンビニに連れて行かれておにぎりを渡されて、急に手を握られて連れて行かれたと。その一つ一つのところで言えば、彼女の自己決定があるわけで。

佐藤　でも、そのすごろくは途中で道が分かれてるけど、最後のアガリは全部地獄で、閻魔大王に行ってるわけでしょう。途中でどんな自己決定をしようがそんな自己決定権には意味がない。

北原　そうなんですよ。だけどそこで彼女たちが自分を責めて、男を告発できないのは、やっぱりそこに自己決定権が自分にはあるとされているからですよね。

佐藤　入れ子構造で思考できることがやっぱり重要になってくる。最近仕入れた知識で、チンパンジーは相手の気持ちはわかるんだけど、相手が自分のことを考えているだろうということはわからないそうです。そうするといま、「他人の気持ちになって考えましょう」とか「道徳が重要だ」としか言っていない人は、まだチンパンジーと同じレベルなんですよね。何重もの入れ子構造は見えていない。

北原　日本の男はチンパンジー多いですね。

佐藤　沖縄でも、ゴルフのキャディーに本土から来た人間が「辺野古についてどう思う？」とか「高江についてどう思う？」とか聞いたら、「しかたないよね。基地で潤ってる人もいるんだから」と答えが返ってくると思うんですよ。それで、本土の人間は「これが沖縄の民衆の声だった」としたり顔で言う。でも、本土からいきなりやって来てゴルフやっている人間って、キャディーにとっては利害関係者だよね。その人間を不快にさせることを言いますか？　そういうことが、入れ子構造で見えない人がいる。その女の子は自己決定だと言っているけど、自己決定だと言わざるをえない状況に何重もの入れ子があるわけでしょう。それは、チンパンジーの世界での議論をしてるってことになる。

北原 なるほどね。

佐藤 あとは、エンコードとデコードです。女の子が「自分で決めた、自己決定でした」と言葉に出した瞬間に、それは符号になる。それを各人が、暗号解読していくわけですね。北原さんの暗号解読だと、自己決定だと言わされた子がおにぎりを渡されて、手を握られてという、その一つ一つのプロセスが入れ子になってくるから、そこでデコードされた読みが入るでしょう。ところが別の人からすれば、「たしかに自分で決めたことだよね」でピリオド。必ずそこで差が出てくるわけですよね。さらには、妄想的な入れ子構造もあるわけで、結局、言語化したところで、正確に伝わる保証はどこにもない。

北原 特に、チンパンジーには伝わらない。

佐藤 表現活動は常にそれだから、誤解されるし誤読されるおそれがある。だからそこのところは重層的、複合的な読み方をして、という作業が必要になる。単純に自己決定って言っても、前にも少し出したけど、任意で捕まったときの警察や検察の調書がそうですよね。これは我々、捕まった人間にはわかるじゃない。お互いの立場は対等で、サインを拒否することができると言われても、現場でそれできた？

北原　できるわけないですよね。

佐藤　検事は両肘のついた椅子に座っていて、両方に検察事務官か何かが少ししょぼい椅子で控えてて、こっちはパイプ椅子に座らされて。

北原　しかも腰縄ついてる。それに、取り調べ受けてるときは、話ができてちょっと嬉しいんですよね。あと、外に出るときは紐でつながれるけど、拘置所の中はつながれないじゃないですか。だから、檻の中に帰ってくるとほっとしてしまう。自分でも不思議なんだけど、何が自由なのか勘違いしますよね。しかも、週末にはおやつを選べて買えることが、本当に楽しみになる。

佐藤　やっぱり入った人にしかわからないものがある。

北原　本当にね。もうやりたくないけど。

佐藤　「行ってみねえとわかんねえ」と言ってしまえば、それもコード化されるんだけども、何かを経験してるかしてないかで絶対に違うから。

ドストエフスキーが感じた恐怖

北原　この間、沖縄で高江を歩いたとき、米軍ヘリパット工事を強行するために見張っている警察官がいっぱいいいて、自分は拘束されるかもしれないという恐怖を感じたんですよね。

佐藤　自分が拘束されたことがある人とない人では、全然感じ方が違いますよ。

北原　その恐怖と屈辱感。この屈辱感を味わわされることが、そもそも差別の正体だなって。

佐藤　ところで、北原さんが捕まったとき、執行猶予じゃなくて略式だったでしょう?

北原　そうです。

佐藤　そしたらその場で終わりですよね。

北原　終わりです。佐藤さんは長かったですね。

佐藤　二〇〇二年から裁判に七年かけて、懲役二年六ヶ月で、執行猶予四年ですね。全部で一一年かかりました。

北原　すごい長い。

佐藤　裁判の期間中は、『国家の罠』とか『獄中記』とか、あんなことを書いても全然怖くなかったんです。執行猶予中も実は全然怖くなかった。ところが執行猶予が満了したら……執行猶予って何の通知も来ないんだけど、そのままその日を迎えて執行猶予終了になったのが二〇一三年六月三〇日。七月一日になった瞬間、死ぬほど怖くなったんです。その瞬間まではすごい緊張があるから逆に保てていたんだけど、それからは、ものすごく国家権力やマスコミが怖くなった。

振り返ってみると、二〇〇二年の後の自分のことは書けないんですよ。情勢についてはいくらでも書けるんだけど、自分のことは檻に入るところと二〇〇五年の一審判決の過程までで止まってる。もう一〇年たってるから、そこで私に何があったかということも作品にできるはずなんだけども、やっぱり体が動かない、これは怖い。時間が止まってるんですよ、私の中で。

北原　佐藤さんでもそうなんですね。心から共感します。私も、自分のことと、性について、書けなくなりました。

佐藤 怖いよ。この怖さっていうのは、自由になった瞬間に感じた。

北原 ああ、わかります。

佐藤 私はそこで、ドストエフスキーをもう一度思いましたね。ドストエフスキーは、ペトラシェフスキー事件で銃殺刑を言い渡された。それで実際に銃殺刑になるところまで、彼は全然怖くないんだよね。自分はここで殺されると。なんとなく光が見えてという感じだったんだけれども、銃殺の直前に皇帝からの勅使が来て、シベリア流刑に減刑になる。その瞬間にすごく怖くなるんです。だから、流刑後の最初の十数年は聖書をひたすら読むことしかできないし、その後、彼はキリスト教についてとか、ロシア皇帝万歳とかそういうことしか書かなくなる。でも、私はあの過剰さは神を信じてるからじゃないと思う。常に自分は国家にやられるんじゃないかという、その脅え、恐れですよね。だから過剰なんですよ、ドストエフスキーは。過剰だけど、彼は嘘つきじゃない。だから多声的になった。言っていることを信じていいのかわからないまま、行間が読めるような文章になっている。

北原　ああ、なるほど。

佐藤　だから、ドストエフスキーを読むのと一緒で、売春を余儀なくされている女性たちの多声性を読み取れないのは、リテラシーの低下だよね。

北原　ほんと、そうですよね。私なんて、檻の中で一緒にいた中国人たちと、カタコトでけっこう話したり笑ったりしてたんです。そしたら警察職員に「楽しそうだね」って言われて、言葉失ったんですよね。そんなわけねーだろ、って。ほんと、読めよ、行間。思い出したら、また怒りがこみ上げてきた……。

コスト、コスト、コスト

北原　人権や差別や性の問題を、男の人にどう伝えていいかわからないと悩んでいたら、この間すごく面白いことがあったんです。これまで日本の夫婦別姓裁判では、大方の男性裁判官は、夫婦同氏を強制する民法750条は合憲だと判断しましたよね。その判決について、ある男性が「この判決は時代遅れだ」ということをFacebookで書いてたんですよ。そりゃあ、そうでしょうって私は思ったんですけど、彼は、その論拠として同姓と選択的夫婦別姓にした場合のコスト計算をしてたんですよ。
そうすると驚くことに「ああ、ようやくわかりました！」という反応もすごく多いし、「教えてくれてありがとう」とコメントしている女性もいた。だけど、私にはすごく気持ち悪かったんです。これって、尊厳とか人権として理解できないのかよ、って。

佐藤　思いきり気持ち悪いよ！　世の中には、合理性で判断してはいけない話があるんですよ。たとえばイスラエルで最近、殺人自動車がついに実用化されたという話がありますね。この兵器をベースにして民間の自動運転車にそのままＡＩ（人工知能）が使えると。北原さんは車の運転します？

北原　します。

佐藤　目の前で車が急ブレーキをかけて、自分の車が確実に追突する。右側は誰もいない。左側に人が一人いる。どっちにハンドル切る？

北原　右ですよね。

佐藤　じゃあ、右側に犬がいて、左側に人がいたら。

北原　……左かも（笑）。

佐藤　その後、右側に一人で、左側に三人だったら？

北原　サンデル教授の授業受けてるみたい（笑）。

佐藤　じゃあ、右側に二人で、左側に二人で、右側はホームレスで、左側はピシッとしたビジネスマン。

北原　もう……自分で前の車に突っ込みます！

佐藤　そうだよね、自分で突っ込むでしょう？　そうするとどういうことが起きるか。これは私の予想なんですけど、自動運転車だと、人間の運転の一〇分の一以下の交通事故比率になることが統計的に証明されるような時代が近年、来ますよね。そしたら、人間による運転が特別なオケージョンでしか許されなくなると思う。そうすると普段運転を任せることになるＡＩは、いま私が北原さんに問うたようなことは判断できないから、車を購入するときに各人がいろんなことを選択しなくてはいけない。

北原　そうですよね。「私は人を殺しません。自分で突っ込みます」とか。

佐藤　北原さんは人を殺さないから、マル倫印がついた車になるかもしれない。何を言いたいかというと、僕がいなかった頃に、日本にポストモダニズムの嵐が吹き荒れて、その中で倫理なんていうのは、大きな物語だし、抑圧のシンボルだし脱構築されないといけないものの一つだったわけです。ところが、脱構築した後の倫理が、ＡＩなんかが進んでいるところで我々に復讐してきてる。全部、自己決定で選択しないといけないんだよ。自己決定ってそういうことなんだよね。

北原　八〇年代に復讐されてるのね……。

佐藤　それが嫌な人に「あなたの代わりに決定してあげますよ」というと、宗教になってしまう。あるいは、保険会社が合理性でＡＩシステムに入ってきたら、瞬時に身なりで判断して、偏差値の高い高校の制服を着てる学生と低い高校の制服を着てる学生だったら、低いほうに突っ込んだほうが補償額が低いとか、こういうことになってくる。

北原　でも、もうすでに、そうなってますよね。昔は、女が若いと馬鹿にされることが多いから、年取ったら楽になるのかなと思ってたけど、いまは年を取っていくとコスト的に命を測られて早く死ね、ぽっくり死ね、と言われてるような気になる。

佐藤　その全体的な構造には、男権的なものが埋め込まれているのがよくわかる。それから、男権的な状況から出てきた大きな物語を脱構築しないといけないということで、マルクス主義的なフェミニズムがあったから、女性運動が比較的大きな物語として男権的なシステムの中に入ってしまった。それこそ裏返されたスターリン主義みたいになったと。そうすると、こういう大きな物語を拒否する人たちは、自己決定論の罠に落っこちやすいんだと思う。

北原　そうですよね、バラバラに落ちてしまう。

佐藤　そうすると、フェミニズム側からの大きな物語が今度は必要だし思うんですよね。

北原　そうか、またさらに語っていくしかないんですね。

日本の男のスペクトル

北原　話が変わるんですけど、この間、矯風会の話をしたじゃないですか。あの後、栗原康さんの『村に火をつけ、白痴になれ』（二〇一六）を読んだんです。伊藤野枝【＊1】

※1　一八九五—一九二三。文筆家。「青鞜」執筆活動後、結婚制度を否定する執筆活動を行う。甘粕事件で恋人の大杉栄とともに殺害された。

の評伝で、アナーキストの大杉栄との関係が描かれるんですが、やはり私が感情移入しちゃうのは、大杉の元恋人の神近市子なんです。栗原さんの語り口には、自由恋愛で性に奔放で、しかも大杉栄と恋をして殺された伊藤野枝に対する男性視線の優しさがあるんだけれども、神近市子に対しては、まるで大杉栄が乗り移ってるみたいに、冷酷なんですよね。日蔭茶屋事件のとき、神近市子が無理やりに大杉栄の布団に入ってきたとか。神近からすれば大杉の方から入ってきた場面を、あえて、神近を貶めるように描くんですよね。

昔、瀬戸内寂聴さんが書かれた伊藤野枝の伝記小説『美は乱調にあり』(一九六六)にも神近市子は当然登場していて、そこでは敬意をもって描かれていました。男性作家が描くと「大杉栄にふられた女」になる。そのあげくに、栗原さんではないですが、男性の書き手によれば廃娼運動などをしていくエロスのない女という神近市子像ができあがっていく。

佐藤 エロス+虐殺みたいな感じですね。

北原 男性は好きですよね、エロスと暴力。神近市子さんは戦後国会議員になって、売春防止運動に尽力した女性なのに、大杉栄からの影響力を死ぬまで言われ続けていくというのが……気の毒過ぎます。そういうポストモダン以前の女たちの必死の闘いの物語を、語りなおす必要があると思うんですよね。今の状況を捉えなおすためにも。だいたい、大杉栄とか坂本龍馬とか、男の人はどこがいいんですか？

佐藤　テロリズム好きなんじゃないですか。基本的には、大杉栄とか坂本龍馬とか新撰組とかの人たちがやっていたことは全部、内ゲバですよね。

北原　それになんで男の人は憧れるんですか。自分ができないから？

佐藤　七〇年代前後に内ゲバとかあって、そういうのが大好きなんじゃない？　男たちの思想がいちばん端的にあらわれてるのは、『課長島耕作』の世界なんですよ。

北原　そうなんですか。

佐藤　一般的な男たちは、『巨人の星』と『課長島耕作』の間のスペクトルに、だいたい入っちゃう（笑）。政治家も、自民党のリベラル派は小林よしのりを講師に呼んで、自民党の右翼保守派は百田尚樹を呼ぶっていう、そのスペクトルの中ですよね。

北原　わ、狭っ（笑）！

佐藤　当事者にとってはそれがすごく大きな違いなんですよ。

北原　民進党も同じような感じがする。小林よしのりを愛読してそう。

佐藤　うん、そうなんじゃないの。坂本龍馬は『巨人の星』ですよね。人斬り包丁振り回してさ、殺し合いが趣味ですよ。本人には意味があるかもしれないけど、客観的に社会的に見れば何の意味もないうさぎ跳びとか大リーグボール養成ギプスとかやってるのと一緒。そこに一体何のロマンがあるのか。私にはまったくわからない。

北原　伊藤野枝と神近市子はどうですか？

佐藤　うーん、伊藤野枝は悲劇的な死に方だったし、すごい才能もありましたよね。でもやっぱりあのへんの時代の登場人物の中では、何と言ってもいちばん関心があるのは、思想家の辻潤。彼には攻撃性がないですよね？

北原　餓死ですもんね。

佐藤　それと、逆に甘粕正彦に興味があります。陸軍軍人で大杉栄と伊藤野枝を虐殺した側だけど、実際は手をかけてないというのがだいたいいまの実証研究の成果で、実際は憲兵隊の下のほうがなぶり殺しにしちゃった責任をかぶったと。甘粕正彦は時代の精神に殉じて終戦直後（一九四五年八月二〇日）に自殺するわけだけど、それこそ李香蘭とかを使って満州で満映（満州映画協会）を作っていくわけでしょう。テロルの周辺にいて、実際はテロルに関与していない。だけれども、それをかぶる役をやらされた奴の将来は、ずっと演技をし続けて博打を打ち続けているという。

北原　そうなんですよね。

佐藤　大杉は自叙伝の中で猫を殺した話があったから、絶対だめ。あと、神近が喉を切ったとき、幽霊が夢に出てくると書いている。彼は自分の側にいる人を商品化してるんだよね。それでお金を儲けて飯を食っていくってのが、なんか……。

北原　猫殺すってだけで、もうゲス。やっぱり卑怯の香りがしていたのはあたってたのね。

佐藤　そう、ゲス。物事ってやっぱり書いてはいけないことってあるし、タブーのない社会はだめですよ。タブーの構造を知ってないといけない。

性差別の脱構築は可能か

佐藤　私は筋力の強い人間が弱い人間を殴ったりするのは、タブー化しないといけないと思う。理屈はないけど、それは人間がやってはいけないことだから。いまの買春の問題にしても、結局はたぶん、そういうトートロジーになると思う。やっぱりやってはいけないと。それは理屈でも一応説明できるし、感性のレベルでもそうなんだけど、もうちょっと超越的なものがあると思う。

北原　セックスを売ることがただ暴力とか被支配の関係じゃなくて、そこでコミュニケーションとか教育とか知との交換であるという語りもありますよね。

佐藤　それはありますよ、でも、もう少し本当の意味で『資本論』を思い出しましょう。あらゆる欲望が商品として為されているというのはきわめて最近の話なんですから。

北原　でも昔からあるようなかたちで語られる。

佐藤　しかし、全然文脈が違う。白拍子にしたって旧約聖書の神殿娼婦にしたって、資本主義とシステム化の買春とは違うものだから。

北原　そうなんです。「最古から」とか言われ続けてきて、女の性というのが生まれながらに値段がついている雰囲気があるのは、日本に宗教がないことと関係してるんですかね。

佐藤　直接に宗教と結びつけることには違和感を覚えます。日本では、一神教が非寛容で、多神教が寛容だという、客観的に見て絶対に通用しない言説が流通していますね。それだとオウム真理教だって仏教から派生してるわけだし、タイの内乱だってスリランカのテロリストだって仏教徒だし。どういうキリスト教徒なのか、どういう仏教徒なのか、そこまで詰めないと全然意味がない。一神教は本質においては寛容なんだけど、それはいい意味での寛容じゃないんですよ。自分が神様に救われるかどうかしか関心がないから。一神教徒にとっては自分と神様の関係が重要なので、他の人がどんな宗教を信じているか、あるいは信じていないかについては無関心なんです。無関心を基礎とした寛容が成立しています。

北原　他者に関心がないってことか。

佐藤　無関心であることによる寛容なんです。でもそこのところが寛容じゃなくなってくるのは帝国主義の問題だと思います。でも帝国主義は、ひとつは拡張主義、シオニズムだけれども、そのシオニズムは同時に男権主義的だよね。テキストはまさにフェミニズム神学が指摘している通り、残骸なわけでしょう。その残骸という聖書なるものの書き方、表現のしかたが今も残ってる。

北原　何が書かれていないかを読みとらなければいけない。

佐藤　そう。そこを脱構築しようと思っていろいろやるんだけど、最初につくられた図式自体に差別が構造化されてる場合、それは脱構築がなかなかできない。そういうところを無視してコミュニケーションとか自己決定とかに話を飛ばさないほうがいいと思う。もっと端的に言うと「自分が近いところのパートナーがそういう自己決定をしたとき、あなたはオッケーですか?」というところから始めないと。

北原　それもちょっと父権的な感じがするんですよね。

佐藤　「自分の子ども」とした場合は、完全に父権的ですよ。でも、これは言い逃れじゃなくて、通用する文法の言葉を出さないといけないでしょう。

北原　それはわかります。ただ、わからないいんだったらば「あなたが男の人に値段つけられて売られるって想像してみて」のほうがわかるんじゃないかなと思って。

佐藤　それはいい例だと思います。

北原　そうなのか……。私はでも、自分の妹が、とか自分の母が売られたら、という想像力というか比喩を、使いたくないんですよね。

佐藤　なぜ？

北原　うーん、そこにある目線が他人事だからですかね。被害者として考えたときに、その目線こそが私をきつくさせるという思いもある。父親から見られている被害者の私とか、兄として見られている私という立場で同情されるのも、すごくつらい差別だと思うんです。

佐藤　そこはすごく難しい。しかし、おっしゃることはわかります。こういう感覚を持つこと自体が私の限界なのだと思います。

北原　そう、だから、妹がとか母が、とかがもっとも伝えやすい言葉だとしたら、私は本当に男の人とどういうふうに性差別とか暴力の話を語っていけるのかというふうに考えてしまうんです。

奴隷制度から考えてみる

北原　先日、アメリカの公民権運動の研究者である中條献さんの講義を受ける機会があって、アメリカの奴隷制度の言説について教わったとき、日本軍「慰安婦」の語りと非常に重なることが多くて驚きました。たとえばアメリカって面白い国だなと思ったのが、一九三〇年のニューディール政策で公共調査というのをするんですよね、当時生き残っていた、南部の二五〇〇人以上の黒人の元奴隷の人たちに話を聞くんですよ。彼らは、すでに八〇歳とか九〇歳とかになっている。三〇年代のアメリカの南部がどのような空気だったのかはわかりません。でも突然白人のインタビュアーが来て「あなた、奴隷時代はどうでしたか？」と聞き取り調査をしたところで、元奴隷の人たちが本当のことを言うはずがないですよね。皆がどう答えるかというと、なかには「主人は火あぶりになってしまえ」という人もいるんだけど、多くの人たちが「私の主人はいい人だった」「神様はみている」というような思い出を語るそうなんです。誰に何をどういうふうに語るかということが重要である、まさに入れ子構造で考えるべきだという分析や視点は、ずっと後にフェミニズム運動や公民権運動を経た後に生まれてくるんですが、差別に対する認識や想像力がないと、彼らの言葉は本当の意味で「読まれない」ということになってしまいますよね。

いま日本でも、身体的に安全でもなければ将来の保証もされない社会で、自分もそうなるかもしれないって想像力を持てる人が多いはずなのに、女としての話や、父や兄としてしかその悲惨を想像できないとなると、いつまでたっても男と女のギャップは埋まらないだろうなって思うんです。

佐藤　確かにそうだ。指摘されてそう思うけれども、家族としてあなたの側にいる人ということで考えるならば、側にいる人がいない人は想像力が及ばないわけですよね。

北原　そうなんですよ。

佐藤　「私は孤立だから構わない。別にパートナーはいない」とか、「俺、ひきこもりだし」「別に金はあるし」「別に親とか関係ない」とか。

北原　そう、それは実際にいま起きていることです。

佐藤　だから、そういう考え方は、父権的なブルジョワ的なシステムの中でしか説得力をもたないし、そこの中には権力的な構造がたしかにある。

北原　うんうん。

佐藤　「あなたと私は違うんです」ということを理解していくことかもしれない。無理やり知ろうとすることじゃなくて。

北原　そうなんです。

佐藤　でもそれでもう一つ出てくるのが、バランス感覚ですね。それはやっぱり抑圧している側、力をもっている側が基本的には悪いという考え方でいってカウンターバランスをとらないと、絶対におかしいことになる。これは外交官としての経験則からいってもそうです。

北原　それはわかります。さっきの奴隷制の話で、アフリカの業者についても出てくるんです。悪いのは国家だけじゃなくて、アフリカ人がアフリカ人をいろんな国に連れていったという話が出てくるじゃないですか。

佐藤　特にアフリカの場合は近代的なネーションがないから、部族が違った場合に同じ人間だという認識になかなか至らない。

北原　それをもちろんヨーロッパの奴隷業者たちはわかっていて、アノリカの業者を利用して奴隷にする人間を連れて来させる。これはアフリカ研究をしている山本めゆさんに聞いたのですが、そのときにヨーロッパ人が業者に渡すのは、通貨ではなくイタリアのベネチアンガラスだったというんです。キラキラして美しいから。それを貰って、同じ部族や仲間たちを連れて来て奴隷として売っていく。この場合の業者の責任とは、何でしょう。人権を無視する圧倒的な暴力が、「慰安婦」の問題と本当に重なっていくんです。

佐藤　アメリカに換言したら、オバマは黒人の血が入っている初の大統領だということになるんだけれども、あの人のお父さんは移民だからね。

北原　そうですよね。

佐藤　だからむしろミッシェルなんですよ。奴隷の子孫であるところの黒人が大統領夫人になったというところに、たぶんアメリカの文脈では大きな変化がある。だからオバマの出自が奴隷の血筋だったら大統領になれたかどうかというと、これはすごくクエスチョンマークだと思う。

北原　奴隷は母親が黒人かどうかで決まるんですよね。ということは母親の出自で子どもの身分が決まるんだとしたら、白人男は自分の体を使って奴隷をどんどん再生産できるわけじゃないですか。平等と自由を謳うアメリカの底知れぬ怖さというか。

佐藤　アメリカの平等性に関しては、エマニュエル・トッドの『移民の運命』の分析が非常に興味深い。トッドの議論はいろいろ錯綜してるんだけど、うんと単純に言うと、民主主義というのは平等の原則があるでしょう。平等というのは非常に限られたところにしかない文化なんだというんだよね。それは何かというと、相続で決まると。相続に関しては、たとえばドイツとか日本は男の長子相続。それに対して、イギリスは遺言による相続。だから兄弟が平等じゃないでしょう。ということは、人類が平等じゃないというのは当たり前になるわけ。だから逆にアファーマティブ・アクションという考え方もそこから出てくる。

それに対してヨーロッパで相続が平等になされるのは、パリ盆地と地中海沿岸のフランスだけだったと。フランス革命がたまたま一七八九年、パリ盆地で起きた。だから平等は普遍的価値があった。しかしそれは家族形態とうまく合わない。だから平等というものの定着がフランスでは非常に難しいと。そうするとアメリカに行ったらどういうふうになったかというと、アメリカに移住してきた人の間は完全に平等なんだけれども、奴隷と先住民に関して通婚を禁止するという差別法をつくった。それはアメリカがいちばん早い。だから外側を差別するというかたちで、中側の平等があるという構造がアメリカなんだと。その外側については、あるときは狡猾な移民であるポーランド人であると。そこが変わってくると。でも常に外側で平等じゃない人々がいて、平等のアメリカ人という内側があるんだという構造は変わらないと。これは人類学的な基層を成しているから変わらないんだというのがトッドの分析です。

北原　いま、アメリカでとんでもないことになっていますものね。

佐藤　うん。でもそれはトッドの分析からしたら当たり前なんですよ、あの国でああいうことが起こるのは。むしろ奴隷制じゃなくて、トッドの関心は、奴隷制のようなものがなぜ近代が可能にしたかというアメリカの基本構造で、それは変わらないというのが彼の見方。

北原　変わらなかったら内側から壊れていくしかないというのは、日本軍「慰安婦」のケースと一緒ですよね。初めてアメリカで、国に対して補償運動を始めたのって黒人の女性だったんです。しかも一八九〇年代に。命がけですよね。

佐藤　通常何かがあった場合、まず真相究明ですね。そして謝罪、それから賠償、それから再発防止措置になるわけです。

北原　まさにその通りなんです。個別の謝罪や賠償はアメリカでもされてきているんです。たとえば奴隷たちを梅毒の実験台に使ったことに対しては、クリントン時代に謝罪しているんだけれども、でも広い意味での奴隷問題に対して誰が責任をもって謝罪して賠償していくのか。今でもアメリカは議論の渦中というか、本格的に始まっているとは言えない。

佐藤　それはもしかしたらあの国は始められないのかもしれない。

北原　そうですね。そしたら日本はどうしましょう。慰安婦に対して去年の年末の「合意」、あんなもので手を打てるなんて、たまたま韓国が朴槿恵だからできた。

佐藤　それでも不満が保守陣営にあるわけです。安倍さんじゃなければ逆に不満続出だったと思う。これは北方領土問題もそうだけどね。私が北方領土問題に関わっていたときとほぼ同じことを今の政権がやってるわけで、なんで批判が出ないのか。安倍さんが右派だという表象が強く影響している。

北原　表象があるから何でもやりやすいことができてる。

佐藤　保守派にすれば、「慰安婦」問題も北方領土も安倍さんは自分たちを裏切っているが、それを認めるとそういう人を信じた自分が惨めになるから認められないという規制が働く。これはね、ニクラス・ルーマンという人が『信頼』という本の中で言ってる。世の中は複雑だから、複雑なものを削減する必要があるわけ。

北原　いやあ、すごい複雑だな。でも真理ですね。

とりあえずの結論？——隣人を自分のように愛しなさい

佐藤　話しながらさっきから考えていたんだけど……「あなたの妻や子どもだったらと考えないとわからない」というのは、たしかにイエスはそういう言い方を一度もしたことがないですね。

北原　さすがイエス（笑）。

佐藤　キリスト教は、「隣人を自分のように愛しなさい」（「ルカによる福音書」一〇章二七節）と、自分自身をどういうふうに愛しているかというところから他者のことを考えろと言っている。あなたの隣人との関係で他の人との関係を測れと言うことは一度もない。そういう発想は彼にないんですよ。北原さんに手厳しく指摘されないとわからなかった。

北原　私、手厳しかったですか（笑）。

佐藤　手厳しいですよ（笑）。北原さんは私よりもキリスト教的ということになりますね。私がなぜああいう発想になったのかというと、たぶん和辻哲郎の言う人間の関係の間の倫理学みたいな感じで、父権的だということで家族主義の残滓があるからですよ。理屈では多様な家族形態があるとわかってるつもりでも、ぼそっとそういうことが出るわけですね。

北原　でも、そういうこともありますよね。猫が虐待されてると、自分の猫だったらってやっぱり思うし。

佐藤　でもそこで自分自身を基準として判断しないといけない、というのがキリストの言ったことなんだ。だから、「あなたの近い人が」じゃなくて「あなたが」「僕が」売春せざるをえないという状況になったときに「僕が」どういうふうに感じるか。そういう方向で立てないといけない。だから、あなた自身が売春をするような状況に置かれたときに、あなたはどう考えるかということですよ、やっぱり。

北原 そう、それが通じないことが怖いんですよ。本当にそうですよ。

佐藤 でも、それが通じなくて、イエス・キリストは殺されたと思うんだけども。

北原 え……私も殺されますかね（笑）。これが結論でいいんでしょうか。

佐藤 また時をおいて、ぜひ語りましょう。世の中は変遷していくし、我々の意識も変わるだろうし。

北原 そうですよね、変わらないと嘘ですよね。

佐藤 四年後のオリンピックの時期には、とってもグロテスクなことが起こるだろうけど、そのときどき北原さんとお話ししていきたいです。

北原 そうですね、よろしくお願いします。

おわりに

北原みのり

二〇一四年一二月、「わいせつ物」に関する事件に巻き込まれ逮捕され、約二年が経つ。この間、自分でも嫌になるほど、私は「私」のことが書けなくなってしまった。性について語るというのは、私的な領域を語ることだ。二〇年以上、性にまつわる仕事をしてきて、そのことを書くのも語るのも日常だったというのに、それができなくなった。国家暴力について語ろうと思えばいくらでも饒舌になる体験をしたのだから、反権力の文脈でも、女性の権利という文脈でも、表現の自由という文脈でも、いくらでも語ることもできただろう。それでもそのどこに「私」があるのか、みえなくなった。

そういうなかで対談を引き受けてくださり、書きなさいとおっしゃってくださり、「これ読んだら」と次々と本を送ってくださったのが佐藤優さんだ。佐藤さんの『獄中記』のなかで「これからはフェミニズム」とおっしゃっていた一言が、国益を考え仕事されてきた佐藤さんと、国益という視線で物事を考えたことのない私をつなぐ線になった。私は国家についてもっと知る必要があったし、私自身がフェミニズムをとらえ直す必要があった。

自分のことが書けなかったこの二年、私は性と国家の問題に正面から闘ってきた女たちの人生を追いかけてきた。その過程で、DVの果てに家を飛び出し、後に矯風会を設立した矢嶋楫子と出会った。女子教育に尽力し、市川房枝を育てた矢嶋楫子が生涯かけ声をあげ続けたのが公娼制度の廃止だった。日本が売春防止法の制定をしたのは一九五六年。この不完全な法律を巡って、矯風会の女性たちの闘いは今も続いている。矯風会については、正直、あまりいい印象がなかった。時代の制約もあるだろうが、性売買に従事する女性たちを「醜業婦」と呼び、「救いだそう」とする運動に傲慢なものを感じていたのだと思う。それでも日本が近代化していく過程で女の性がどのように扱われてきたかを見据えれば、今、改めて矯風会の活動を再評価する必要があると感じている。

また、高度成長期に日本の男たちが東南アジアや韓国へ買春ツアーに大挙して押しかけていたことを告発し、日本軍「慰安婦」をアジアの女性たちのつながりのなかで訴えていった松井やよりさんにも改めて出会った。当然といえば当然だけれど、日本が抱える性の問題を女の立場から考えていけば、それはどうしたって日本軍「慰安婦」問題にぶつかり、また現代の性売買やポルノについて考えていけば、最終的には矢嶋楫子さんや松井やよりさんなどの、女の運動にたどりついた。

女の運動の歴史は、無視と嘲笑との闘いの歴史だ。それが性にまつわることであればあるほど、その闘いは過酷だ。男たちは対等な議論の俎上に、女の声をのせなかった。女が性について声をあげるのは、単純に公権力と闘うことではない。男たちが自然と考えているもの、文化と信じているもの、歴史と考えているものを、女側から語りなおすこと（それは、どこにも書かれなかったことを読もうとするフェミニスト神学の作業と似ている）。そして、その語りを封じる手段は、男たちの嘲笑であり無視だった。

女の運動との出会いを通して、私はこれまでのフェミニストとしての自分を何度も振り返った。私は〝自分はうまくやろう〟としていたのではないか。嘲笑されないフェミでいたいと思っていたんじゃないか。マジメに倫理的に性を説くような女たちと、どこか距離を保ちたがってはいなかったか。そのような自分を振り返りつつ、嘲笑される女から距離を保ち安全圏で正論を吐くフェミニズムではなく、嘲笑される女の横に立つフェミニストでありたいと願うようになった。

佐藤さんは私に「大きな物語が必要」とおっしゃった。倫理も正義も事実もない、あるのは解釈だけよ♡　そんなかるーい八〇年代のポストモダンな時代の波を私は当然浴びており、真正面から正義や倫理というものに向きあうような知に、どこか斜めでいたいと思っていたと思う。そのような知に耐久性がなく、ことさら性を語る上でも、国家を語る上でも、脆弱な言葉しか持っていないのだなぁと、佐藤さんと話しているなか、何度も気づかされた。そしてまた、これまでずっと、フェミニズムの目的はフェミニズムを必要としなくなる世界！　と思っていた自分の考えも改める機会になった。女の歴史を紡いでいくこと、すぐには腐らない言葉を丁寧に語り、大きな女の物語を紡いでいくこともフェミニズムの仕事だ。

去年、韓国を訪れたとき、米軍「慰安婦」と呼ばれた女性たちの墓を参った。小さな丘の茂みのなかに、小さく盛られた土の山が無数にあった。暴力、殺人、薬、自死、強制される性病検査などで命を落とす女性は少なくなかった。死後、仲間の女性たちが棺をかつぎ、街を一周し、仲間が眠る山に連れていった。不思議なことに、米軍基地のゲート前を通るとき、棺がずしりと重く、動かなくなったという。元米軍「慰安婦」の女性からそのお話を聞いたとき、棺を持つ女たちの手の感触を、私は知っているように思った。いわずもがな、米軍「慰安婦」は、日本軍「慰安婦」のコピペである。男の性欲は国家制度にいとも簡単に呑まれ、女たちの身体は最大限に活用されていく。それは決して過去の物語ではなくて、今の日本につながる現実だ。

私はこれまで男性と対談する機会はほとんどなかった。その私が安心して佐藤さんと対話できたのは、佐藤さんが米軍ゲートの前で動かなくなる棺の重みを、説明しなくても感じる人だからと思う。差別と暴力を、握り拳のなかで感じられる人との語りは、私を様々なところに連れていってくれた。私たちは時に檻の中から語り、沖縄で語り、死後の世界から語り、猫の目線から語った。叶うならば、これからも佐藤さんと語りつづけていきたい。私的なことも公的なことも同じ重さで、粘り強く友情を信じながら語っていく一歩になった。佐藤さん、ありがとうございました。そして河出書房新社の松尾亜紀子さんのおかげで、この本は出せました。本当に、ありがとう。ここまで読んでくださった読者の皆さまにも感謝です。

二〇一六年九月一八日

北原みのり（きたはら・みのり）

一九七〇年神奈川県生まれ。作家。津田塾大学国際関係学科卒業。一九九六年、フェミニズムの視点で女性のためのセックストーイショップ「ラブピースクラブ」を設立する。時事問題から普遍的テーマまでをジェンダー観点で考察。著書に『毒婦。』『さよなら、韓流』『奥さまは愛国』（共著）など多数。

佐藤優（さとう・まさる）

一九六〇年東京都生まれ。作家・元外務省主任分析官。同志社大学大学院神学研究科修了。著書に『獄中記』『国家の罠―外務省のラスプーチンと呼ばれて』（毎日出版文化賞特別賞）『自壊する帝国』（新潮ドキュメント賞、大宅壮一ノンフィクション賞）『組織の掟』『神学の思考』『聖書を語る』（共著）など多数。

性《せい》と国家《こっか》

２０１６年11月30日　初版発行
２０１７年１月10日　３刷発行

著者　北原みのり
　　　佐藤優

装幀　川名潤（prigraphics）

発行者　小野寺優

発行所　株式会社河出書房新社
東京都渋谷区千駄ヶ谷２－32－２
電話　０３－３４０４－１２０１（営業）
　　　０３－３４０４－８６１１（編集）
http://www.kawade.co.jp/

印刷・製本　中央精版印刷株式会社

Printed in Japan　ISBN978-4-309-24785-4